跟苏霍姆林斯基学当班主任 _{（修订版）}

闫 学◎著

教育科学出版社
·北京·

目录

今天为什么还要学苏霍姆林斯基

我似乎从未像现在这样强烈地意识到，当下教师所面临的挑战是如此巨大和严峻。每一个教育工作者都面临着一个问题：今天，我们该怎样做教师？

2009年，我开始尝试着回答这个问题，写了一本《跟苏霍姆林斯基学当老师》；后来，我又写了这本《跟苏霍姆林斯基学当班主任》。这本书结合苏霍姆林斯基的教育思想，尤其是他在班级管理方面的经验和智慧，通过大量中国一线教师的教育实践案例，探讨了班主任工作的方方面面。这些探讨力求细致深入，一方面是因为教育问题本身十分复杂，另一方面是希望这本书的读者能明白，教师（尤其是班主任）所面临的挑战是非常复杂的，要应对这种挑战，不仅需要极大的耐心、爱心与责任感，更需要非凡的智慧和创造力。

幸运的是，我们可以从苏霍姆林斯基的著作中受到很多启发，甚至可以直接找到解决问题的具体策略。他的教育思想的核心部分，比如重视家庭教育、重视劳动对精神的培育、重视阅读的教育力量等等，都极具智慧和生命力。

《跟苏霍姆林斯基学当班主任》这本书力求展现这种智慧和生命力，给我自己和当下所有中国教师以鼓舞和启发，让我们看到世界上最优秀的教师、最优秀的班主任是什么样的，最美好的教育、最美好的学校是什么样的。而这正是今天我们依然要向苏霍姆林斯基学当老师、学当班主任的主要原因。

那么，在今天的中国学校，尤其是基础教育阶段，苏霍姆林斯基的教育思想又有怎样的现实价值与意义呢？

首先，苏霍姆林斯基让我们拨开了当下教育的迷雾，回归了教育的本质。苏霍姆林斯基让我们深刻地意识到，教育的起点是人，教育的终点也是人。而人是复杂的、多样的，不管一个人的生命起点是怎样的，教育都有责任帮助他找到自己热爱的美好领域，让他带着感激的深情离开学校，走上自己的生活道路。因此，苏霍姆林斯基提出了"培养全面和谐发展的人"的教育主张。所以，我们能看到他和帕夫雷什中学的老师们、孩子们以及家长们一起，努力构建一个童话般的教育乐园，从而让全世界的教育工作者都看到了最美好的教育、最美好的学校应有的样子，以及教育可以达到的高度。同时，他就像一面镜子，让我们清楚地看到中国教育面临的问题，让我们反思培养人、选拔人的现有模式，寻找基于人的全面和谐发展的多种路径并作出多种尝试。

其次，苏霍姆林斯基让我们在喧嚣的教育现实中安静下来，思考什么是真正的教育。这几年，我不止一次看到这样的新闻报道：学校召开家长会，要求每一个孩子都端一盆洗脚水，跪下来给父母洗脚。接下来出现了同样的一幕：孩子忽然意识到父母养育自己的辛苦，懂得感恩了；父母忽然意识到孩子懂事了、乖巧了、孝顺了；孩子和父母紧紧拥抱，热泪盈眶……。每次看到这样的感恩教育活动，我都会想：这是教育吗？这样的教育真的能让学生学会感恩吗？这当然不是教育，这是作秀。当教育演变成作秀，不管这种作秀有着多么崇高的目的，或者喊着多么漂亮的口号，都失去了教育的根本意义，不会具有教育价值，甚至会起到巨大的反面作用：孩子学会感恩是做给别人看的，至于内心深处是否真正意识到父母的辛苦则是另外一回事。我们的教育就是这样逐渐把孩子培养成了八面玲珑、虚伪狡黠的"聪明人"。

苏霍姆林斯基曾经专门对这类"教育活动"提出批评，认为教育中再也没有比这更愚蠢的事情了。所以，他让孩子们在入学的第一天，在学校旁边的山坡上为自己的母亲栽一棵苹果树和一株葡萄苗。每一个孩子都知道，这棵苹果树结下的第一个最大、最红的苹果是给自己的妈妈吃的，这株葡萄结下的第一串果实也是给自己的妈妈吃的。孩子们就是带着这样的信念，在后面的几年里一直精心地照料着这棵苹果树、这株葡萄，他们想象着有一天妈妈吃到苹果和葡萄的情景，想象着妈妈脸上绽放出幸福的笑容。在这个过程中，劳动就变成了一种对学生精神的培育，对父母的感恩，对家庭的责任感，通过劳动使家人过得幸福的想法就这样深深地植根在每一个孩子的心里。

当然，苏霍姆林斯基对教育本质的深切认识也早已植根在我的心里。在做校长这几年来，我和同事们逐渐达成共识：决不做违反教育本质的事情，真正的教育应该有所为有所不为。也许这中间腾挪的空间并不大，但所谓"得寸进寸，得尺进尺"，一点一滴的力量也是有益的。

最后，苏霍姆林斯基让我们明确了为师的本分，找到了为师的幸福感。1935年，17岁的苏霍姆林斯基走上教师岗位，之后他就读于波尔塔瓦师范学院函授部，获得中学教师资格。1941年，苏联卫国战争爆发之后，他应征入伍，后因伤返回教育岗位，先后当过教师、教务主任、校长、区教育局局长等。1948年，苏霍姆林斯基主动要求从教育局局长的位置上退下来，来到帕夫雷什中学担任校长，此后一直在这个岗位上勤奋耕耘，直到1970年他离开这个世界。纵观苏霍姆林斯基30多年的教师生涯，我们可以窥见一个真正的好教师的人生轨迹。苏霍姆林斯基在一生中作出过许多至关重要的选择，这些选择让我在研读苏霍姆林斯基著作的许多年里，对他的教育思想体系有了更加深刻的理解。可以说，他的教育观点与人生选择构成了一种奇妙的呼应。比如，他当年毅然走上炮火连天的战场，因为他主张"世界上的一切都与你有关"；他选择从教育局局长的位子上退下来，回到学校做校长，做学科教师，做班主任，是因为他早已决定"把整个心灵献给孩子"。而我也正是受到他的鼓舞和启发，才在做了近10年教研员之后，回到学校，回到教育现场。我一直坚信苏霍姆林斯基的选择，真正的教育应该发生在学校，真正的教育家也应该诞生在学校。

在苏霍姆林斯基身上，我们看到了一个好教师对孩子发自内心的爱，同时也感受到做一个好教师只有爱是不够的，还必须拥有智慧，否则，教师就成了只会照料孩子生活的"保姆"。所以，从他著作里呈现的大量教育案例中，我们不仅能够看到教师的悲悯和慈爱，还能看到教育的智慧。可贵的是，苏霍姆林斯基不仅将这些浸满了爱与智慧的点点滴滴都记录了下来，而且进行了系统的反思和梳理。所以，我们今天才能够有幸读到他的这些动人的文字。他撰写的41部教育论著，600多篇论文，1200多篇供儿童阅读的童话、故事等文艺作品，构成了一个庞大而完整的教育体系。他的成就强有力地证明了他自己的观点：教师走上教育研究的道路后，才能够真正感受到做教师的幸福。

苏霍姆林斯基让我们看到了为师的本分，除了爱与智慧，还要让教育研究贯穿自己的教师生涯。也许，这就是教师幸福的本源。而这些，正是我们今天依然要向苏霍姆林斯基学习的意义。

世界上曾有过这样的班主任

　　四月的一个夜晚，帕夫雷什中学的校园里凉风送爽，苹果树上挂满了初绽的花朵。苏霍姆林斯基在校园里散步。忽然，他看到了女孩瓦里娅。瓦里娅是个性格活泼、十分爱笑的女孩。此刻，她正将列夫·托尔斯泰的《复活》紧紧地贴在胸前，若有所思地向前走着。苏霍姆林斯基等待着她像往常一样跑过来，在他的身边快活地叽叽喳喳。可当瓦里娅忽然抬头看见苏霍姆林斯基的时候，她却神情紧张、害羞窘迫起来，她的目光变得深邃，微笑在眼睛里闪现……。她把书抱得更紧了，就像有什么秘密生怕被人发觉似的。显然，女孩想要自己单独待一会儿。看到这一幕，苏霍姆林斯基十分高兴："多好哇，瓦里娅，我觉察到了你由女孩子成长为姑娘的那个时刻……"

　　在阅读苏霍姆林斯基著作的这些年里，我无数次地想象过这个夜晚，沉醉在这些美好的场景中。苏霍姆林斯基作为一个优秀的教师，十分关心学生的精神世界，他最担心的是自己不能觉察、理解和真正感觉到学生从幼儿变成少年的那短暂的时刻或时期。所以，当他从瓦里娅的眼睛里看到那个时刻终于到来的时候，他心潮澎湃，为见证了一个孩子的成长而备感喜悦……

　　一棵小橡树生长在小路旁边，有人用脚踩过了它细嫩的幼枝。在苏霍姆林斯基的提示下，孩子们意识到，如果任由不管的话，这棵小橡树不可能成长为一棵参天大树。于是，他们一起拿来铲子，小心翼翼地挖出了连根带土的小橡树，把它移栽到一个安静宽敞的角落里。对孩子来说，这是世界上唯一的小橡树。苏霍姆林斯基认为，这是一种极其珍贵的思想，随着孩子们视野的扩大，这样的行动可以帮助他们逐渐形成公民意识，用公民的眼光观察世界。但是，假如一个人在童年时期没有遇到什么对他来说最珍贵的东西，那么这个人就不可能成长为一个真正的公民。

我是那样热切地阅读着这些温暖的故事，它们让我知道这世上曾有过这样的教师、这样的班主任。在这些故事中，我不仅看到了迷人的知识教学，更看到了活生生的"人"的存在。在苏霍姆林斯基宏大而完整的教育体系中，核心理念是"培养全面和谐发展的人"。因此，阅读苏霍姆林斯基的著作，我们看到的不仅仅是具体的教育方法与实施策略，更多的是对人的真切关怀和这些故事留给我们的深远启示。在他30多年辉煌的教育生涯中，他始终和孩子们站在一起，把整个心灵献给了他们。因此，每当我读到这样的话语时，我就不能不为之感动：

> 我拉着你们的手一步一步向前走，我把整个的心都给了你们。诚然，这颗心也有过疲倦的时刻。而每当它精疲力竭时，孩子们啊，我就尽快到你们身旁来。你们的欢声笑语就给我的心田注入新的力量，你们的张张笑脸使我的精神重新焕发，你们那渴求知识的目光激发我去思考……①

---

① 苏霍姆林斯基. 我把心给了孩子们[M]. 唐其慈，等译//蔡汀，等. 苏霍姆林斯基选集：第3卷. 北京：教育科学出版社，2001：391.

是的，苏霍姆林斯基就是这样一位伟大的教师，一位优秀的班主任。他的文字里浸满了爱，那些用文字记录的岁月里也浸满了爱，他常常用浸满了爱的目光去观察孩子们。对孩子们透彻的理解与关爱，对教育全面的洞察与把握，对孩子们所生活的这个世界无限的悲悯与同情，使苏霍姆林斯基不仅当之无愧地成为世界教育史的一座灯塔，而且使他本身也成为一个大写的人。因此，苏霍姆林斯基打动我们的绝不仅仅是他的理论和信念，更是他作为一个可完全信赖的师长、父亲、朋友与一个真正的人无比高贵的全部品质。

这本书重点梳理提炼了苏霍姆林斯基在班主任工作方面的种种做法，研究分析了他在班级管理、道德建设、师生交往、习惯养成、家校沟通、组织活动等方面的经验与价值，并结合当下中国教师，尤其是班主任在工作中遇到的种种困难进行了系统反思。希望这些思考可以给当下正在做班主任或者希望从事班主任工作的教师朋友们带来一些有益的启示。

让我们一起跟苏霍姆林斯基学当班主任，这就开始吧！

第一辑

带着义务
与责任感
活在世上

苏霍姆林斯基——

我坚信，教育不仅是一门科学，而且是一种艺术，而教育艺术的全部复杂性，是要善于感觉到一个人身上那种纯属个性的东西。

培养学生的自我教育能力

　　教师是教育者，学生是被教育者，这似乎是一个不言自明的结论。但是在苏霍姆林斯基看来，引导学生进行自我教育非常重要，学生既是被教育者，同时也应是教育者。在复杂的教育实践中，如果能把教师对学生的教育和学生的自我教育结合起来，就能顺利地克服各种困难，解决教育实践中一些非常棘手的问题。

　　如何让学生进行自我教育是问题的关键所在。对处于基础教育阶段的孩子来说，要让他知道一个道理或者明白应该怎么做是相对简单的，但知道应该怎么做和实际怎么做是两回事，因为这个阶段的孩子缺少的正是自制力和自觉性，这就是有些教师和家长苦口婆心的说教在很多时候并没有达到预期效果的主要原因。那么，怎样增强孩子的自制力和自觉性，尤其是在教师和家长均不在场的情况下，让孩子也能遵循正确的法则去行事？这就需要教师在平时的教育工作中，帮助孩子学会自我教育。在苏霍姆林斯基的著作中，大量的案例实际上展现的就是学生进行自我教育的过程。我反复思考着这些案例以及中间的种种细节，试图探寻帮助学生进行自我教育的某种奥秘。

　　苏霍姆林斯基极其重视学生的身体锻炼，认为身体锻炼是学生自我教育的重要部分。他要求学生每天天一亮就起床、淋浴，在严寒的冬天每天用雪擦拭身体，以增强身体抵抗力。对于10岁左右的孩子来说，这是一个巨大的挑战，因为并不是每一个孩子一开始就具有天天用雪擦拭身体的勇气。但苏霍姆林斯基从不采取强制的做法，他要求每一个孩子都能坦白，无论自己是否真的做到了。那些实在没有勇气自己提来一桶雪，脱下衬衫，用雪擦拭身体的孩子，可以请别的同学帮忙，以这样的方式去做其他同学都能做到的事情。我很佩服苏霍姆林斯基的教育方式，因为用雪擦拭身体的锻炼方法确实能够增强孩子的抵抗力，我更佩服的是他在不逼迫孩子的前提下使每一个孩子都战胜了自己。他不采取强制的做法，是因为担心有些孩子可能会被迫撒谎；他允许孩子坦白，希望他们遇到困难时可以借助同伴的力量帮助自己克服心中的怯懦。在这个过程中，学生学会了自我克制，学会了在困难面前拿出勇气，也学会了从别人的眼中看到自己——谁也不想每次都请同学帮忙才能战胜自己。这就是一种真正的自我教育，即使没有严肃的批评，没有严格的规章制度，学生也能够在教师和家长不在场的情况下遵循正确的规则。

有一个校长非常自豪地向我讲述了他所在学校的一位优秀班主任的事迹。王老师是该校初中二年级的一位班主任，新学期伊始，班里转来一个名叫刘桦（化名）的男生。王老师很快就发现，刘桦来自一所农村学校，英语基础很差，必须尽快帮助他提高英语成绩。王老师自然想到了补课，但怎么补呢？谁来补呢？请英语老师来补显然不合适，因为英语老师平时教两个班，已经够忙够累的了；请家教，对刘桦的家庭来说显然是一笔不小的开支，而且家长也不一定会同意。思虑再三，王老师决定请班里几个学生轮流给刘桦补习英语。值得注意的是，王老师为刘桦邀请的并非班里成绩最好的学生，而是几个各方面表现都比较一般的学生。这几个学生接受任务之后非常高兴，他们凑到一起制订了详细的补课计划，而且很快就付诸实施了。经过近一个学期的补课之后，刘桦的英语成绩果然有了明显提高。更令人高兴的是，那几个给刘桦补课的学生的英语成绩竟然也提高了许多，而且与原来相比，其他方面也有很大进步。

王老师的做法引起了我的深思。补课之后，刘桦的英语成绩进步了，这件事本身可以说是在意料之中，但那几个帮助刘桦补习英语的学生在这个过程中有什么变化呢？他们在帮助刘桦补习英语的过程中也巩固了自身的英语知识，也许为了更好地帮助刘桦，他们付出了比平时更多的努力去学习英语。在补课的过程中，当他们看到刘桦的英语成绩在逐步提高时，就证明了自己的努力没有白费，对他们来说，这就是一种积极的鼓励和赞美——当一个人看到自己的努力取得了成绩、得到了肯定时，那种巨大的鼓舞会使人朝着更高的目标努力。因此，这些学生在各方面都有很大的进步就不足为怪了。我想，这些学生帮助他人的过程就是一种真正的自我教育。应该说，这是一种很高的教育境界。

苏霍姆林斯基在强调让学生进行自我教育时，也非常重视学生在关心、帮助别人的过程中所蕴含的自我教育元素。他认为这是一个能鲜明地表现出学生自我教育的精神生活的领域：

> 我想再指出一个能鲜明地表现出学生的自我教育的精神生活的领域。这就是让少年去关心别人，要他在某件事情中把自己的劳动、智慧、意志和技巧的一部分贡献给别人……只有当一个少年在别人身上看到了自己的精神美的一部分的时候，他才是真正地开始了自我教育。[1]

乌克兰的冬天漫长而寒冷。在那些刮着狂风、下着暴雪的黄昏，许多孩子要走很远的路才能到家，有的孩子还要经过草原和峡谷，一不小心就会迷路。大多数家长都会接孩子回家，但也有一小部分家长因为种种原因没来接。苏霍姆林斯基就把那些回不了家的低年级学生交给一些人高马大的高年级学生，由两三个高年级学生负责护送一个低年级学生回家，防止发生任何意外。每个负责护送的高年级学生都感受到自己身

---

① 苏霍姆林斯基.给教师的建议[M].杜殿坤，译.北京：教育科学出版社，1984：349.

上沉甸甸的责任。当他们把低年级同学安全送到家时，他们从低年级同学开心的笑脸和家长们充满赞扬、感谢的眼神中感到了快乐，他们为自己能够帮助比自己弱小的同学而自豪。在苏霍姆林斯基看来，这也是一种自我教育。

我曾听过一些班主任介绍班级管理经验，比如让学生在自习课上互相监督，要做到没有老师在场的情况下也不说话、不随便做与学习无关的事情；让班干部轮流值班，负责维持班级纪律，维护班级卫生；让体育委员把无缘无故不上早操的同学记录下来，在班会上点名批评；等等。应该说，这些做法在一定程度上起到了震慑作用，有些学生因此就不太敢公然违反这些班规。但我们又不得不承认，这些做法能起到的作用是十分有限的，而且也不能保证学生能够持久地遵守。事实上，这样做的负面影响是相当大的：学生因为总是想着监督别人而影响了同学之间的团结和信任，"告密"的学生越来越多，"被告密"的学生心怀怨恨，反过来可能也会加入"告密"者的行列；学生值日时有班干部监督，被监督的学生从一开始就被假设为不会好好做值日——既然一开始就不被信任，有的学生索性就应付了；因为没按时上早操被点名批评的学生不会再为自己的懒惰感到羞愧，反正大家都已经知道自己懒惰了……。事实证明，采取这些班级管理的办法弊大于利。

那么，能不能让学生采取自我教育的办法达到目的呢？

事实上，已经有教师采取了让学生进行自我教育的方法，而且取得了良好的效果。方老师做班主任10多年了，她的许多做法值得借鉴。比如，她在班里开展"我用双手美化教室"活动，学生们通过剪纸、贴花、擦洗等各种方式美化教室，乱扔纸屑、胡乱在课桌和墙壁上涂写的现象就没有了，因为谁也不舍得把自己亲手美化的教室"丑化"；她让一个经常不上早操的孩子掌管教室钥匙，这样的信任让那个总是迟到的孩子不好意思再找借口晚来，而且这种信任对他的鼓舞和激励是那么强烈，以至于他不仅在做操这件事上不再让人操心，而且在其他方面也对自己提出了更高的要求，他相信自己可以做得更好。我想，方老师的这些做法不正是在引导学生进行自我教育吗？这比严肃批评、严令禁止要好得多。

让学生进行自我教育，需要班主任在对学生怀着一份信任之情的前提下，再辅以恰当的方法。班主任不仅需要爱心，需要经验，需要对学生高度的理解和洞察力，还需要创造性的教育智慧。

关于如何逐渐培养学生的自我教育能力，苏霍姆林斯基的女儿苏霍姆林斯卡娅这样认为：

> 从低处走来，从低年级走来，走到这个时候，就都应该经过自我教育的状态了，并具有自我教育的能力。在这个阶段，学校也好，教师也好，都应当有非常明确的目的去培养孩子的自我教育能力。[1]

---

[1] 苏霍姆林斯卡娅. 要教会孩子知道哭，知道同情，知道高兴……[J]. 教师月刊，2009（6）：53.

将"玫瑰"赠予别人

曾有一位中学班主任告诉我，她班上有两个成绩很好的男生，每次考试班级排名都不相上下，两个人因此暗暗较劲。每次测验之后，必有其中一个因为没有"胜出"而情绪低落，好几天都缓不过劲儿来。有一回，其中一个男生弄到了一本复习资料，据说是家长托人从外省一所名校买的。另一个男生知道后，也让家长去找这本复习资料。家长找不到，就让儿子找那个男生借来复印。儿子很为难，但还是硬着头皮去借了，结果那个男生支支吾吾地说资料忘在家里了；第二天再借，又说借给妈妈朋友的女儿了……

这件事让这位班主任非常感慨：残酷的学习竞争已经扭曲了一些学生的心灵，在这些学生眼里，同学就是竞争对手，自己之所以"优秀"是建立在别人"不行"的基础上的。面对这样的情况，班主任似乎也没有更好的办法，因为对这个年龄段的孩子来说，单纯地讲道理、进行说服教育，已经很难在他们的心灵中激起波澜；况且，在我们日常教育的点点滴滴之中，"竞争""努力""优胜劣汰"等字眼早已渗透到师生与家长的血液中去了。在残酷的现实面前，单纯地教育孩子要学会与别人分享，不要自私自利，这种力量实在太微弱了。

显然，这是一种建立在对比基础上的教育。这种教育非常容易引发集体中的利己主义和个人的孤独与封闭。苏霍姆林斯基曾举过一个十分引人深思的例子：一个六年级（相当于我国初中二年级）男生，很有数学才能，每次考试只有他得满分。可是在一次考试之后，这个男生惊奇地发现，这回班里得满分的不止他一个人，还有四个学生也得了满分，而且全班没有一个不及格的。这个男生不高兴了，跑到一边大哭起来。老师不知何故，另一个孩子便告诉老师："他之所以哭，是因为得满分的不止他一个。"这个男生不能接受这样的考试结果，而他不能接受的原因竟是源于这样的想法：在他的心里，他不能容忍别人与他一样优秀，也不能容忍别人竟然并非他所设想的那么差。这一次，他的"优秀"没有得到充分的展示。因此，他的痛苦几乎是必然的。

这不能不说是一件令人非常遗憾的事情。在当下的教育实践中，这种建立在对比基础上的教育屡见不鲜。在一个班集体中，学生之间不是彼此激励、互相启发，而是充斥着不正常的竞争关系。在这样的集体中，人人都把对方当作对手，人人都固守各自的一隅，在每一个孩子的心里，如果同学"胜"了，自己就"输"了，反之亦然。

该如何避免这种情况呢？怎样让每一个孩子都能以一种正常的心态看待自己、看待别人、看待自己与同学的关系？尽管引发这种对比教育的原因是多方面的，但苏霍姆林斯基认为，作为教师，尤其是作为班主任的我们并非无可作为。

比如，在一个班集体中，班主任在日常的教育工作中，要让处在集体中的每一个学生都能有引以为傲的东西，也就是说，要让每一个孩子既能看到自己的长处，也能看到别人的长处。因此，苏霍姆林斯基一再提醒教师，要挖掘每一个孩子内心深处的财富。在任何情况下，不管一个孩子被耽误到什么程度，不管他经受过怎样的心灵创伤，也不管他遇到了怎样的困难，都决不能让孩子觉得自己没有指望了，自己永远比别人差，自己身上一无是处，干什么都不能成功……。他认为，每一个教育者的任务，就是要在集体中看到未来有才干的机械师、育种专家、设计师、数学理论家、矿藏勘探者、建筑工作者、冶金工作者，激发学生的潜能，点燃学生的创造火花。对那些难教的孩子，他主张要从他们最容易取得成绩的方面入手，让他们品尝到成功的欢乐，树立信心，找回尊严，从而鼓舞、激励自己。当每一个孩子都既能看到自己的长处，也能看到别人的长处时，这个班集体就营造出了一种互相接纳、彼此鼓舞的氛围，没有一个人"突出"于这个集体，也没有一个人游离于这个集体，为集体所不容。这就不是一种建立在对比基础上的教育，因而可以很大程度上消除视同学为对手的现象。

但这并不是不要竞争。在这一点上，苏霍姆林斯基意在提醒教师，要使每一个孩子都能体验成功，而不是只有当别人"失败"时自己才能"成功"，这是构建和谐美好而又积极向上的班集体所必备的心理基础。

苏霍姆林斯基特别注重让每一个学生能同时看到自己和别人身上的长处，因为他认为这是构建具有良好关系的班集体很重要的一个方面，同时他强调，这种学生之间精神财富的交流还在于互相赠予：

> 我总是力求让少年把自己点点滴滴的精神财富赠送给别人，以便使友谊、同志情分和兄弟关系建立在紧密地相互交织在一起的人的精神交流上。①

教育学生将自己的精神财富赠送给别人，从别人的身上看到自己，是苏霍姆林斯基一贯的教育主张。他的很多实践正是这一主张的诠释。比如，他让高年级学生带领低年级学生学习、做游戏、做手工，让男生主动承担照顾女生的责任，让每一个学生为自己的亲人栽苹果树和葡萄苗，把第一批果实送给亲人品尝等，这些都是让学生通过各种方式将自己拥有的精神财富赠送给同学和亲人。

我多么迷恋这样的场景：一个十年级学生来到六年级学生那儿，给他们讲述遥远的星空的故事，他讲得那么入迷，听众聚精会神地听着，

① 苏霍姆林斯基. 公民的诞生[M]. 黄之瑞，等译. 北京：教育科学出版社，2002：69.

大家的思绪仿佛一起飞向了那个神秘而美丽的世界；另几个酷爱数学的九年级学生正在给六年级学生演算几道有趣的数学题，六年级学生发现，数学是那么有趣，那些思考是那么富有魅力；一群七年级女生准备了一份出人意料的礼物送给男生——她们创作了一些故事，描写夏天在"阳光下的森林"中度过的日子，还对每个男生的品行做了鉴定。在苏霍姆林斯基的教育实践中，精神财富的交流成了集体生活的一个重要特点。每个孩子都在想，我能为自己的同学做点什么，我能给同学提供什么，每个人都在悄悄地做着准备。在这个过程中，学生从别人身上看到了自己身上美好的东西给别人带来的幸福和快乐，他会为自己感到自豪，一种高尚、纯洁的情感就逐渐产生了。苏霍姆林斯基认为，这种精神财富的交流构成了集体关系的一部分，把这些精神财富从一个人的脑海中转移到另一个人的脑海中，从一个人的心中转移到另一个人的心中，是构建良好的集体关系的重要基础。

一位教师朋友告诉我，他上中学时，班主任是一位姓李的物理老师，在班级管理方面很有经验，他所在的班各方面都远远超过了本年级其他班。他向我讲述了李老师在班级管理方面的许多经验。仔细想来，李老师在班级管理上的成功，有很大一部分原因是缘于她十分注重打造良好的班集体，尤其是她十分善于让班里的每一个学生都为班集体做点什么，并在各个领域展现自己的才能。比如，在每次考试之后，不论是哪一门学科，李老师都会举办"学习经验交流会"，她会选出几个成绩优秀和进步比较快的学生，在班里分别介绍自己学习这一门学科的经验，讲完之后，再请班里其他同学提出一些在学习这门学科中遇到的问题，全班同学共同讨论解决办法。这样，不论是成绩优秀的学生，还是学习进步的学生，都能及时对自己的学习经验进行总结、反思、巩固，班里的其他学生在借鉴别人经验的同时，也在内心深处感到自己是这个集体中的一员，每个人都可以在这个集体中获得帮助，或者展现自己。这时学生之间是彼此激励，而非纯粹竞争的关系。这在很大程度上避免了学生心中出现利己主义，因为每个人都在想自己怎样为同学提供更好的经验或解决问题的方法；这也避免了一些学生出现封闭、孤独的无助感，因为每个人都向别人敞开了心扉。我想，这正是所谓"赠人玫瑰，手有余香"的价值所在。

让学生把自己手中的"玫瑰"赠予别人，是一种高超的教育艺术。

教学生约束自己

　　常常听到一些教师和家长抱怨：孩子自己管不住自己，心中只有自己，没有别人；做事随心所欲，从来不考虑别人的感受；一旦愿望得不到满足就大发脾气，甚至哭天抹泪、寻死觅活……。听到这些抱怨的时候，我总在想，孩子的自制力比较薄弱，如何提高他们的自制力？很显然，在中国，这些孩子之所以自制力弱，除了因为他们年龄小，还因为他们是典型的"小皇帝""小公主"。事实上，这也是教育工作中许多十分棘手的问题的根源所在。那么，基于这样的孩子已经大量存在的事实，教育这些孩子学会控制、约束自己就是一件最为实际、最为迫切的事情，如果解决了这个问题，那么教育中的许多困难都将迎刃而解。

　　其实，在苏霍姆林斯基看来，教师和家长有这样的抱怨是因为他们忘记了一个很重要的真理：教育在本质上就是以明智的意志治理意志薄弱、经验贫乏和感情冲动。由于儿童还不太会控制自己的意志，因此成人应当采取一种谅解的态度。但这并不代表苏霍姆林斯基主张对这些孩子无限地纵容，相反，他十分注重教育学生学会约束、控制自己的愿望。在他的著作中，有不少案例提到他是如何帮助孩子做到这一点的。

　　苏霍姆林斯基准备带领孩子们去郊区旅行，但小女孩加利娅的父亲得了重病，加利娅不能去旅行了。尽管孩子们对这次旅行已经盼了很久，但考虑到加利娅的感受，苏霍姆林斯基最终说服孩子们放弃了旅行。如果教师准许孩子们在这种情况下去旅行，就将在每一个孩子的心里埋下一颗孤独的、不幸的种子。为了帮助孩子们真正意识到自己的牺牲具有多么大的意义，苏霍姆林斯基给他们上了另一堂课，教会孩子们约束、克制自己的愿望，并且引导他们认识到这样做的巨大价值：

> 如果一个人在童年和少年时代，没有体验过这样一种高尚而英勇的心理状态，就是有时候应当和有必要放弃给自己预示着许多满足的那种愿望，那么就很难把他造就成人。[1]

的确，对孩子们来说，放弃旅行是十分困难的，这需要高尚的心态和极大的勇气。但当孩子们慷慨地选择与加利娅一起留下来时，这个艰难的选择一旦成为事实，就意味着他们在精神上向前迈出了很大一步，意味着他们为了一种高尚的目的而放弃了自己的愿望，哪怕这个愿望对他们来说是那么美好，那么吸引人。他们勇敢地做出抉择后会发现，约束与控制自己的愿望会得到更加美好、高尚的东西，那就是为他人付出后获得的幸福，为他人着想后获得的快乐，由发自内心的善良造就的高尚情操，战胜自己后感受到的自豪……

许多优秀的班主任都十分注重引导学生控制、约束自己。在教育实践中，"问题生"的教育之所以成为大多数教师的难题，很多时候并不是因为教育方法、教育方向出了问题，而是因为"问题生"教育本身的复杂性。教师和家长要长期配合并不断调整教育方式，不能指望一种教育方法在短时间内就能产生立竿见影的效果。在这个过程中，最让教师和家长头痛的是，"问题生"的"问题"总是反反复复，似乎难以根除，致使一些教师和家长逐渐丧失耐心。对此，有经验的班主任除了表现出高度的爱心与责任感外，还充分调动自己的教育智慧，本着"一天淘出一粒金子"的精神，帮助"问题生"逐渐学会约束、控制自己，最终走出

[1] 苏霍姆林斯基.给教师的建议[M].杜殿坤，译.北京：教育科学出版社，1984：358.

阴霾。我们可以做出这样的设想：假如学生学会了约束、控制自己，那么教育中将避免多少令人无奈、揪心的痛苦，而教师的工作也将减轻多少沉重的负担哪！这当然是一种理想的教育境界，但对教师来说，不断地朝着这个方向努力，正是我们工作的意义所在。

张烁是一个正在读初二的男生，初一下学期转到了秦老师的班里。班主任秦老师很快就发现，张烁不但学习成绩很差，而且在各方面的表现都让人挠头。最让秦老师吃惊的是，张烁到校第一天就跟班里的同学打架，询问原因，原来是英语课上老师让张烁读单词，张烁结结巴巴读错了大部分，勉强读出的几个单词发音也不准确，班里的同学就笑了起来。这让张烁有点难为情，悻悻地坐了下来。下课之后，当他发现还有两个男生一边朝他指指点点，一边悄悄取笑他时，他一下子就恼了，冲上去照着其中一个正在笑的男生就是一拳。这个男生的鼻子破了，开始反击，班里顿时乱作一团。闻讯赶来的秦老师把他俩拉开，叫到办公室问明了缘由。秦老师把讥笑张烁的男生批评了几句，又针对张烁首先动手打人提出了批评。张烁有点不服气，因为他觉得是那个男生犯错在先：谁让他先嘲笑我的？秦老师告诉张烁，哪怕是别人犯错在先，也要学会控制自己，有什么问题可以告诉老师，而不该动手打人，动手打人是不文明、无能的表现。看张烁脸上的神情，秦老师知道一时还难以完全说服他，再说对他各方面的情况还不是十分了解，就决定让此事暂时告一段落，让他俩都回到了教室。

可是三天后的一个下午，秦老师正在办公室批改作业，班长气喘吁吁地跑来，告诉她张烁又打人了。秦老师真有点生气了，刚来不到一周时间，就两次打人，这个张烁也太不像话了。她让班长把张烁和被打的同学一起叫到办公室，开始询问缘由。两个人都怒气冲冲，满腹委屈，秦老师渐渐地听明白了，原来刚才体育课上老师让男生踢球，张烁认为对方犯规了，就告诉当临时裁判的体育委员，但体育委员不认为那是犯规，就没采纳张烁的意见。张烁心里就有气了。比赛继续进行，不到 5

分钟，对方就进了一个球，张烁更生气了，大脚开球，不料一下子把球踢到了对方球员的屁股上，一场斗殴就此爆发……

秦老师听完他俩的讲述，又好气又好笑，心想：张烁入学后接连发生的这两次打架事件，都说明他难以控制、约束自己的情绪和行为，帮助他学会控制、约束自己，是目前教育张烁十分紧要的一件事。但秦老师明白，光靠讲道理是不够的——不该动手打人的道理张烁不是不懂，但如何在关键时刻控制、约束自己却是另外一回事，这是更难做到的。我们来看秦老师的解决方法。

秦老师告诉张烁："老师相信你不是无缘无故打人的，你打人是有自己的理由的。"

张烁赶紧点点头，眼睛里闪过了一丝光彩。显然，他没想到秦老师会这么"理解"他。

秦老师接着说："但不管怎么说，打人总是一种粗鲁的行为，更何况打的是自己的同学。"

张烁低下了头。

秦老师继续说："打人不代表一个人有力量，也不代表他勇敢，你说是不是？"

张烁低着头不吭声。看得出，他不再像刚才那么不服气了。

秦老师说了下去："如果有人觉得打人能显示自己很勇敢，其实那是他不明白，当自己很想打人时能够及时控制住自己，把挥舞的拳头收回来，这才是更大的勇敢。你说是吗？"

张烁轻轻点了点头。

秦老师又说："其实每个人都会有很想打人的时候，秦老师也有这种时候哇！比如你们不听话的时候，真恨不得揍你们一顿……"

张烁忍不住笑了。

秦老师也笑着说："但那样我还是老师吗？你还会像今天这样信任我吗？生气的时候要学会控制自己，这并不是一件容易的事。老师教你一个方法，当你很想打人的时候，你就在心里从一数到十，数完了，你可能就不想打人了……"

张烁微笑着，轻轻点了点头。

这次谈话之后，很长一段时间，秦老师都没有再听说张烁打人了。其间，秦老师曾在教学楼的走廊上遇到张烁，她微笑着拍拍张烁的肩膀，什么都没说就走了过去。对张烁来说，这种无声的鼓励和肯定是非常重要的，他知道有一双眼睛在关注他，看他能不能控制自己，从而成为一个更加勇敢的人。

我想，秦老师运用自己的教育智慧取得了初步的胜利，虽然她不能确定张烁能够坚持多久，但她知道，张烁已经在努力地学习控制、约束自己。

对于教师教育学生学会约束自己这个问题，苏霍姆林斯基认为：

> 明智地和英勇地约束自己的愿望，——这是一根有力的指挥棒，在它的指挥下，可以创造出人的美的和谐。教师应该把这根指挥棒运用起来。[1]

苏霍姆林斯基正是一个十分善于运用这根指挥棒的人。令我印象非常深刻的是他对一个任性的、胡闹的、一点也管束不住自己的男孩子罗曼的教育。罗曼会无缘无故地打同学，会故意把小女孩的裙子弄脏。有一天，他又把小女孩廖霞扎小辫子的丝带扯掉了。苏霍姆林斯基把罗曼叫来，用绷带把罗曼右手的手掌和手腕缠住，牢牢地捆在衣袋里，使他不能自由使用这只手，然后苏霍姆林斯基请学生用同样的办法把自己的右手捆起来。这一整天，苏霍姆林斯基都与罗曼在一起。在这种体验

---

① 苏霍姆林斯基. 给教师的建议[M]. 杜殿坤，译. 北京：教育科学出版社，1984：358.

中，苏霍姆林斯基希望通过这种方式让罗曼体会到失去自由是一种什么滋味，从而明白，做一个人要懂得明智地限制自己的自由和愿望。我想，如果每个教师都能够有这样教会学生控制自己的意识，那教育中的诸多难题也许都会迎刃而解。

苦口婆心的说教固然重要，但教会学生自我约束，需要一种更高超的教育智慧。

调正那根情感的琴弦

　　周老师是一位小学班主任，她曾对我说过一件事。有一次她去医院看病，发现当天值班的大夫正是她曾经教过的一个学生。尽管时间过去了十几年，她和这个学生的面貌都发生了一些变化，但她还是一眼就认出了眼前这个年轻的女医生就是她当年的学生。这个学生当时是班里的学习委员，成绩优异，中学毕业后考入了一所医科大学，后来如愿以偿做了医生。这个学生在病历上写下老师的名字后停顿了一下，显然，这个名字勾起了她的记忆……。她抬头看了看老师，正当周老师想叫出她的名字时，她却迅速把眼皮一垂，装作不认识似的，询问老师的病情，那副模样完全是例行公事。周老师到了嘴边的话不得不咽了回去，心下嘀咕着，以为自己认错了人。等她走出医生办公室，却在门口的牌子上看到了值班医生的姓名——没错，就是她，当年那个成绩优异的学习委员。此后，周老师再也没去那家医院看过病。

　　周老师说起这件事的时候很失落，也有一些伤心。其实，许多老师都有这样的体会：自己教过的学生在毕业很多年之后，还能与老师保持联系的，或者在一个偶然的场合遇见之后依然非常亲热的，往往是那些上学时成绩比较差、非常淘气、令老师十分操心的孩子，而当年那些成绩优秀、让老师十分自豪的孩子，却往往比较冷淡，或者多年不再与老师联系。这种现象虽然不能一概而论，但因为它对老师造成了一定程度的情感刺激而值得我们深思。虽然我们还不能完全弄清楚周老师那个学生当时的心理活动（也许是怕老师给自己带来额外的麻烦），但她对曾经教过自己的老师没有感恩之心却是一定的。我们可以设想，这样一个医生也许在医术上无可挑剔，也许随着经验的积累她将成为某一个领域的医学专家，但因为她的心中缺乏一个完整的人应具备的基本情怀，或者说缺乏一种基本的道德与情感素养，我们是否可以说她很难成为一个医德高尚的医生？

长期以来，学校、教师都非常注重学生的学习成绩。一个学生只要成绩好了，其他方面就可以忽略不计，即便犯一点错误，教师和家长也会睁一只眼闭一只眼。但往往正是这些成绩优秀的孩子，优异的成绩可能会遮蔽他们在道德品质、情感素养、精神世界方面的问题。但这些被忽略的问题，却常常成为制约或决定一个人发展的主要因素。与这些成绩优秀的学生相比，成绩差、各方面都让老师操心的学生由于与老师打交道更多，老师为其付出的心血更多，因而更容易与老师建立深厚的感情。尤其是这些学生长大之后，回忆起当年老师曾经给予的教诲，以及在教育他们的过程中所经历的艰难、付出的心血，他们的感激之情便会油然而生。应该说，那些上学时成绩并不太好的学生，他们的情感素养并不比那些成绩好的学生差，相反，他们在情感素养方面的表现更优秀。

实际上，在当下的教育实践中出现的不少事例，若细细分析的话，也可以归纳到学生缺乏基本的情感素养的范围。中学班主任赵老师告诉我这样一件事：她班上有一个女生，各方面表现都不错，还是班干部，因为长相十分秀气，被班里同学公认为"班花"。赵老师所在学校是一所寄宿制学校，不时有学生家长来学校看孩子，唯独没见过这个女孩的家人来学校看她，也从没听她在班里提起她的家庭。第一次开家长会的时候，她便向老师请假，说是家长有事来不了。班主任问是什么事，她却支支吾吾说不清楚。家长会结束后，班主任找到学生报到时留下的家庭住址和联系方式，拨通了她家的电话。事情的结果出人意料，家长并不知道开家长会这回事，原来那个女孩根本就没有告诉家长。班主任有些生气，事后找到女孩询问原因，女孩红着脸不肯说。班主任意识到这其中必有缘由，但一时也搞不清楚具体原因。在后来的一次家访中，她终于弄清了真相：女孩的母亲是环卫工人，父亲在菜市场做小生意，夫妻俩都没什么文化。聊起家长会这个话题时，女孩的母亲红着眼睛悄悄告诉老师：不光是女儿不想让他们去学校，她和孩子的爸爸也不想去，怕孩子在同学面前难堪……。这件事让班主任十分感慨，她当然能够理解家长的苦心，但这样的苦心竟是出于这样的目的，让她感到十分沉重；更何况，从家长的话中可以听得出主要不是他们自己不想去学校，而是他们的女儿怕丢人……。她觉得，与其说出现这种情况的原因是女孩太虚荣，还不如说是这个女孩的情感与心灵世界中缺少一种基本的情怀和素养，而这种欠缺意味着一个人完全否定、断绝了自己最宝贵的生命泉源，这种否定与断绝是不能被原谅的。

当我询问这件事后来的处理情况时，赵老师表示没有直接找女孩谈这件事，因为对这个女孩来说，直接把真相揭露出来不一定能取得好的效果。后来，赵老师通过多种方式对学生加强了感恩父母的教育。比如，她让学生在周末回家后给父母写表示感谢的小纸条，把这些小纸条藏在父母的枕头下，塞进父母的拎包里……她还在班会课上给学生讲林肯的故事。她告诉学生，林肯的父亲是一名鞋匠，在林肯竞选美国总统的时候，曾有人试图拿这件事羞辱他，没想到林肯不但十分坦然地承认了这件事，而且还以有一个当鞋匠的父亲为荣，因为父亲做每一双鞋子都是那么认真……。由于林肯表现出了坦诚与高尚的胸怀，他赢得了所有人的尊敬。赵老师希望通过这种春风化雨般的方式，慢慢浸润学生的心灵与情感世界。

这些事例不能不令我们每一个教师深思。教育，绝不只是教知识。"教书育人"，"教书"和"育人"不可偏废。

在苏霍姆林斯基的教育思想体系中，培养全面和谐发展的人是核心主张，而这也正反映了苏霍姆林斯基不唯知识，更强调人的全面和谐发展的基本理念。除了知识教育之外，他的情感教育、道德教育、劳动教育、健康教育、生命教育等，都紧紧围绕着这一基本理念展开，他的大量教育案例也正是对这一理念的基本诠释。其中，在培养学生的情感素养方面，苏霍姆林斯基十分形象地比喻道：

> 情感素养，形象地说，好比是调正了弦的小提琴。而只有调正了弦的小提琴才可能演奏。只有当一个人懂得基本的情感素养，才能对他进行教育。[①]

苏霍姆林斯基认为，为了使学生的生活变得丰满充实，无疑需要他们具备高尚的情感素养。一个人若不具备基本的情感素养，不仅他的生活会变得枯燥乏味，而且他可能还会面临很多问题。苏霍姆林斯基曾带领一些七年级学生在河畔旅游，夜晚露营时，男孩维加把小杨树连根拔起。苏霍姆林斯基看到之后，对他进行了教育。他们一起谈生活，谈理想，一直到深夜。苏霍姆林斯基发现，维加十分钦佩斯巴达克，把斯巴达克当成心中的偶像，但他只看到了斯巴达克的力大无比，却没有看到斯巴达克高尚而细腻的情感和内心活动。换句话说，斯巴达克在维加的心中只是一个没有感情的猛士和武夫。维加的例子使苏霍姆林斯基再一次认识到培养学生情感素养的重要性。

苏霍姆林斯基不但在日常教育生活中注重培养学生的情感素养，他还亲自动手，主编了一本小说选集《对人的思考》，试图通过孩子们能够理解的文学作品培养他们的情感素养。这本小说选集收入的作品都是一些很简短的小说和童话，它们用鲜明的形象来诠释人的同情心，展现人内心深处微妙、细腻的情感，以激发学生思考。比如，苏霍姆林斯基写

① 苏霍姆林斯基.公民的诞生[M].黄之瑞，等译.北京：教育科学出版社，2002：42.

的《为什么爷爷和奶奶掉眼泪》这篇文章，用十分细腻的笔触描绘了两幅家庭生活的画面：小阿连卡家里的收音机里正播放着一支优美的乐曲，爸爸和妈妈的眼睛里迸射出柔情的光彩，爸爸抚摸了一下妈妈的手指，妈妈的脸上露出了幸福的微笑；隔壁房间的爷爷和奶奶也在聆听这优美的乐曲，悲伤却涌上了两位老人的脸……。苏霍姆林斯基试图让孩子们通过观察生活中这些看似不起眼的细节，展开对人的情感的思考：聆听同一首乐曲，为什么爸爸妈妈和爷爷奶奶的表现不一样？尤其是爷爷奶奶，他们究竟是因为想起了什么而流泪呢？虽然孩子不一定知道答案，但是展开思考，关注每一个人内心深处的情感流动，这本身就很有价值。在这个过程中，我们可以培养孩子基本的情感素养，比如同情心、洞察人的内心世界的能力与意识，这正是苏霍姆林斯基一贯的教育主张。

令我感动的是，为了培养学生的情感素养，苏霍姆林斯基不仅利用日常教育生活的点点滴滴去实施教育，而且通过各种丰富多彩的形式拓展教育的空间。比如，他通过创作文学作品、与学生一起创作音乐作品等形式来满足教育的需要，培养学生细腻、敏锐的情感。在我看来，这就是教育资源的自我开发，反映了一个教师高超的教育智慧。

正是这样的教育，使得苏霍姆林斯基的学生逐渐学会了读懂人的心灵。他们从一位70岁高龄的老奶奶眼睛里看到了孤独、忧郁，看到了她那颗渴望慰藉的心。于是，孩子们给老奶奶栽种了一丛玫瑰，陪她聊天，给她朗读童话，也听她讲雪莲花的故事，讲菊花邀请蜜蜂做客的故事。老奶奶的农舍里荡漾起孩子们欢快的笑声，老奶奶的眼睛里噙着温柔的、欢乐的泪花……。小女孩加利娅为新年晚会准备的帽子被人无意中损坏了，正当她伤心地坐在一边一声不响的时候，小男孩柯利亚走过来拉起了加利娅的手，翩翩跳起舞来。那一刻，柯利亚对小姑娘的同情，犹如一束明亮的光，照亮了她的心：世上有一个能把我的苦恼当作自己苦恼的人。

其实，只是阅读这样的故事就足以令我感动。与他人彼此心灵相通后我们就会发现，世界上最美好的事情莫过于活在人们中间，这种存在感足以使我们能够安然地度过人生的每一个关口。

培养学生的精神力量

　　李老师是一位优秀的班主任，他曾经非常详细地跟我谈过对一个孩子的帮助。

　　有一段时间，李老师帮助体育老师训练学生。过几天就是学校运动会了，作为四年级的班主任，也作为一个体育爱好者，他非常希望自己的班级能在运动会上取得好成绩。班里有一个男生叫康军，身体条件很不错，每次都参加 800 米赛跑这个项目，而且每次都是全年级第二名。之所以每次都是第二名，是因为他总是败在本年级一个叫王立的男孩手下，而且几乎每次都只相差那么两三秒。李老师在与体育老师聊起这件事的时候，体育老师说，其实康军各方面的条件都不比王立差，关键是最后阶段的耐力比不上王立，每次王立都咬紧牙关冲到最后，而康军却在冲刺阶段坚持不住泄了气，一下子就被王立超过去了，实际上每次康军最终都输给了自己。李老师联想到平时康军的一些表现，发现这个男孩虽然各方面的表现都很不错，但有点腼腆，总不太自信，他在体育比赛中的这种表现也说明了这一点。再看他近期的训练情况，似乎不是特别积极——是不是他心里还在想，反正自己总是败在王立的手下，所以就干脆应付训练呢？康军的身体条件并不比王立差，欠缺的只是咬紧牙关坚持到底的不服输的精神，能不能通过这样的体育比赛帮助他战胜自己呢？

　　李老师决定试试。他告诉康军，通过这段时间的训练，他发现康军的成绩与王立差不多，而且在 800 米的前半段比赛中康军占有优势，如果在最后冲刺的100米能够咬紧牙关坚持下去，就一定能够战胜王立。康军微笑着没有说话。在这之后的几次训练中，李老师都站在最后冲刺100米的跑道边大声喊话，有时随着康军跑一段，告诉他跑得很好，不要泄气，要坚持到底。每次训练结束后，李老师都告诉康军，成绩又提高了。其实并不是每次都真的提高了，而是李老师希望通过这样的方式鼓舞康军，帮助他建立信心。训练几天之后，康军的信心明显增强，成绩真的提高了不少。

比赛正式开始了，康军和王立跟往常一样，彼此咬得很紧，两人交替领先。到了关键的最后100米，康军和王立都开始冲刺，按照以往的情况，每次王立都会在这一阶段奠定最后的胜局。可这次情况不太一样了，只见康军咬紧牙关奋力向前冲去，他脸上的肌肉绷得紧紧的，一直没有减速，直到第一个冲过终点。最后的结果是康军以3秒的优势战胜了王立，获得了冠军。比赛结束后，康军十分兴奋，他跑到同样兴奋的李老师面前，大声说："我胜利啦！"李老师拍拍康军的小脑袋，也感到十分高兴。他高兴的不止是康军获得了冠军，更让他欣慰的是康军最终战胜了自己。

我十分佩服李老师的教育方法。在这个过程中，李老师帮助康军战胜了自己，让他看到了自己的力量，做到了他以往从来没有做到的事情；他会为这个结果感到惊奇，更为自己能够做到感到惊奇。与其说是康军在体力上战胜了王立，不如说是他在精神上战胜了自己。对康军来说，这是他精神成长中一个新的起点。

苏霍姆林斯基非常重视让学生对自己的精神力量产生惊奇感。让每一个少年完成自己想去做却难以做到的事，引导一个人用自己的力量沿着惊奇之路度过自己的童年和少年，这是教师的教育智慧，也是一条很重要的教育准则：

这里有一条很重要的教育准则：就是在一个人的童年时期能对

自己做出了似乎他做不出的事而千百次地感到惊奇，即对自己的精神力量感到惊奇。只有在这种惊奇之下，才会彻底地去蔑视懦弱、意志薄弱。只有对自己的精神力量产生惊奇的人，才能对自己的意志薄弱而感到羞愧，才不会表现出软弱。[①]

　　苏霍姆林斯基强调在孩子的幼年阶段就要对其进行精神力量的锻炼。如果一个人在他的幼年时期就经受了这种锻炼，他就会对自己充满信心，不会感觉自己是软弱的、需要保护的。因此，苏霍姆林斯基千方百计地让孩子感到"我不是最弱小的，我应当是别人的保护者"。反之，如果错过了这个时期，要改变一个人从小就形成的根深蒂固的意识——"我不行""我做不到""我没办法"等，就非常困难。

　　由于在这方面具有深刻的认识，苏霍姆林斯基十分注重通过具体的活动锻炼孩子的精神力量，使他们对自己的精神力量产生可贵的惊奇感。比如，他带领孩子们去森林远足，森林离村子有 6 公里，来回 12 公里。妈妈们很担心，认为那么小的孩子怎么可能走那么远的路呢？她们觉得老师简直是疯了。出发时，全班 33 个孩子，有 2 个孩子被妈妈阻拦住了，其他 31 个孩子在妈妈们担心的目光中上了路。可他们刚走出村子，那 2 个被妈妈拦住的孩子就追了上来，他们挣脱妈妈的怀抱，都不想在同学们面前表现出自己的软弱。这次远足是对孩子们耐力和意志的检验，每个孩子都经受住了这种检验，谁也不想落后，谁也不想在大家面前说自己不行。最后他们终于来到了森林，每个孩子都很兴奋。他们在森林里吃了午餐，又步行回来。没有一个人说累，个个都表现得很坚强。这种活动不论是对孩子还是对家长来说，都是一种可贵的教育——在这个过程中，不仅孩子们看到了自己的精神力量，家长们也看到了孩子的精神

① 苏霍姆林斯基. 怎样培养真正的人[M]. 蔡汀，译//蔡汀，等. 苏霍姆林斯基选集：第2卷. 北京：教育科学出版社，2001：215.

力量，他们会为此感到惊奇，感到精神力量的强大。这种惊奇感越多，就越能够帮助孩子树立信心，越有利于培养他们坚强的意志。

对于那些"难教儿童"的教育，苏霍姆林斯基同样非常注重培养他们的精神力量。他认为具备了精神力量的孩子就可以树立信心，战胜各种困难。因为种种原因，那些"难教儿童"在许多方面比不上正常儿童，苏霍姆林斯基就根据他们各自不同的情况，把他们带到那些最容易取得成功的领域。他与帕夫雷什中学的老师一起，不厌其烦地做各种尝试，拿出各种智力工具，看看那些孩子究竟对什么感兴趣，他们究竟在哪些方面最容易取得成功。那些孩子参加了各种兴趣小组的活动，比如饲养小牛、嫁接果树、操作机床，等等，在各种劳动中取得了成绩，开启了智慧，建立了自信。应该说，这更多的是信心的鼓舞，是一种精神力量的提升。而这种信心的鼓舞和精神力量的提升，又激励他们在学习上取得了以往看似不可能取得的成绩。

在苏霍姆林斯基提供的案例中，我看到了后进生尤拉的故事。尤拉在学习上遇到了很多困难，尤其是在解数学应用题方面，他从来没有独立地解出过一道应用题。他似乎比别的孩子更加难以理解题目中各个条件与数量的关系。在教师的耐心帮助下，他终于解出了答案，后来又经过多次尝试，他逐渐学会了独立解答应用题。在这个异常艰难的过程中，教师所表现出的忍耐是惊人的，那就是始终与尤拉站在一起思考，一起面对学习上接连不断的障碍，直至最后成功。获胜后的尤拉获得了一种难以表达的欢乐：他发现自己能行，只要他努力了，他也可以与别的孩子一样获得成功。由此，他不仅在这个过程中获得了自尊，树立了自信，而且他内心深处学习的愿望更加强烈了。对尤拉来说，这是一种宝贵的精神力量，一个孩子就这样最终摆脱了他几乎是注定作为"难教儿童"的命运。

苏霍姆林斯基的案例让我想起了女儿游泳的事情。当她兴致勃勃地学会了几种不同的游泳姿势之后，就不想再耗费过多的体力了。她总是嚷着太累，只喜欢在泳池里泡着玩，与一群小伙伴在水中游戏。为了锻炼她的身体和耐力，我要求她一口气游泳 1000 米。听到我的要求后，她把脑袋摇得像拨浪鼓似的，认为自己根本不可能做到。1000 米相当于在泳池里游四个来回，她从来没游过这么长的距离。以我对她身体的了解，我相信只要她加把劲，就一定能够做到。在我几乎是半强迫的监督之下，她不情愿地开始游了。游到一半的时候，她的速度明显慢了下来，抽空扭头看了我一眼，那眼神希望我能通融一下。我狠狠心，装作没看见，让她继续游。她看没指望了，就咬牙坚持了下去。当她游过 1000 米之后，泳池里的小朋友都为她鼓起了掌，她喘息着，骄傲地看着我："妈妈，我胜利啦！"

> 请记住，一个人有时会出现这种情况，就是在他已经丧失体力的时候，他的精神力量可以使他产生新的体力，而且作为一个战士仍能继续活下去。[①]

这就是精神力量的强大作用。对一个战士是这样，对一个孩子也是如此。

---

① 苏霍姆林斯基. 怎样培养真正的人[M]. 蔡汀，译//蔡汀，等. 苏霍姆林斯基选集：第2卷. 北京：教育科学出版社，2001：213-214.

带着义务与责任感活在世上

　　现在的孩子大多自私，凡事以自我为中心，心中没有他人，缺乏对他人的义务与责任感，这几乎是让所有教师和家长都备感头痛的问题。这个问题的形成自然有着非常复杂的背景，但如何解决这个问题，却是教师和家长无法回避的。事实上，孩子成长过程中出现的许多问题，教师和家长在教育孩子过程中遇到的不少困难，细究缘由，都与学生过于自私有着或多或少的关系。

　　齐老师是一位中学班主任，他对一个学生的教育过程令人十分感慨。他说自己在班里实行了班干部轮换制，每两周轮换一次。他希望通过这种方式，锻炼每一个学生的能力，培养他们对班级和同学的义务与责任感。起初，轮换正常进行，不少学生十分兴奋地盼望能尽快轮到自己，但有一回却轮不下去了。问题出在班里一个叫林熠的女生身上。本来这一周轮到她担任班里的学习委员，但当上任学习委员办理工作交接的时候却遭到了拒绝——她不想当这个班干部。齐老师问她原因，她明确地说，怕每天收发作业耽误学习，而且班里有不少同学愿意干，她干不干无所谓。班里其他学生听说这件事后，开始嘀嘀咕咕，说了一些林熠很自私之类的话。齐老师知道，林熠是一个成绩很不错的学生，只是与同学的关系比较一般，学生曾不止一次向他反映，林熠喜欢独来独往，不太爱搭理人。让林熠当学习委员，遭到她的拒绝不是一件让人奇怪的事情。听了林熠的话，齐老师觉得必须对林熠进行教育。但如何进行教育，却着实让他费了一番心思。他觉得在这种情况下勉强是没用的，而且对林熠这样的女生来说，很可能会适得其反——不但没有取得良好的教育效果，反而恶化了师生关系。于是，齐老师就暂时同意了林熠的要求。

但问题还是没有解决。在很长一段时间里，这成了齐老师的一块心病，不过后来发生的一件事却帮助了他。有一天，林熠的妈妈打来电话，原来林熠家离学校比较远，每天她要乘坐公交车，下车后再步行 500 米才能到家。虽然只有 500 米路，但那段路十分偏僻，冬季天黑得特别早，让女儿一个人走回家家长着实不放心。林熠每天放学到家都比较晚，而林熠的妈妈和爸爸都太忙，比林熠到家还晚，是没空去接她的。最后，林熠妈妈问齐老师能不能每天下午让林熠提前半个小时放学，虽说会耽误上课，但这样她就不会担心女儿的安全了……。齐老师答应想想办法。放下电话，他想了想，找来班里几个学生，问有谁家与林熠家是一个方向。结果打听到两个男生回家的路正好与林熠是同一个方向。这两个男生平时骑自行车上下学，听说林熠的困难之后，都爽快地拍了拍胸脯："把送林熠回家的事交给我们吧！"他们决定不骑自行车了，每天陪着林熠乘公交车，然后护送她走路回家，最后他们再步行回到自己家。齐老师看看这两个人高马大的男生，虽说给他们添了麻烦，但也暂时没有别的办法了。齐老师把林熠叫来，当着两个男生的面把这个办法告诉了林熠。林熠起初有些不好意思，但想了想，微笑着看了看两个男生，点了点头。林熠的笑容让齐老师很欣慰，他觉得这可能是一个教育林熠的契机，只不过真是难为那两个男生了。

从此之后，林熠每天晚上回家都由这两个男生护送。这样一直持续到学期结束。因为放寒假的缘故，两个男生护送林熠的任务也暂时告一段落。齐老师组织学生在假期里参加社区义务劳动，还要组织一部分学生去敬老院看望部分孤寡老人。出乎齐老师的意料，林熠主动报名参加了这些活动。寒假结束后，她把在敬老院照顾老人时拍摄的照片带到学校里，给同学们讲述那些老人的经历和故事，最后她有些激动而自豪地告诉同学们，"社会上每一个人都应该为这些老人做一点什么……"

至此，齐老师相信，林熠已经初步懂得了如何为他人尽自己的义务。在整个教育林熠的过程中，林熠的精神世界逐渐发生了变化：她从两个男生身上感受到了同学无私助人的精神，在同学身上体现出来的义务与责任感，既让她感动，也让她羞愧。而他们之所以这么做，只是因为她是他们的同学，她需要帮助，于是他们就这么做了。这就促使林熠开始反思自己，虽然她表面上似乎并没有什么变化，但她却用实际行动改变自己，学着向他人倾注自己的义务与责任感，并在奉献自己的过程中，感到了幸福和快乐。

苏霍姆林斯基把这看作教育上的一个重要目的：

> 我认为教育上一个重要的目的，就在于使每个人在童年时代就能体验到人对义务顶峰的追求是一种魅力和美。[1]

应该说，培养孩子从小树立对他人的义务和责任感，是苏霍姆林斯基非常重要的教育理念。他领导帕夫雷什中学的教师教育学生的许多做法，他在著作中列举的大量教育案例，都可以看作培养学生义务和责任感的典范。

他给好几届学生都讲过小男孩瓦西里卡的故事。瓦西里卡3岁的小妹妹娜塔莎顺着梯子登上了屋顶，可她却下不来了，吓得大哭起来。瓦西里卡看到这一幕，马上顺着梯子也爬了上去，可他没有办法把小妹妹带下来。他就千方百计地把小妹妹扶住，一起久久地坐在屋顶上，等着爸爸回来。苏霍姆林斯基试图通过这样的故事告诉孩子们，一个人从小就应该树立对亲人的义务和责任感。在小妹妹娜塔莎面前，小男孩瓦西里卡表现得十分勇敢，在他身上我们就可以看到他对亲人的义务和责任感。

---

① 苏霍姆林斯基. 怎样培养真正的人[M]. 蔡汀，译//蔡汀，等. 苏霍姆林斯基选集：第2卷. 北京：教育科学出版社，2001：221.

苏霍姆林斯基带领学生参加农庄的集体劳动，每个孩子都可以从中获得一定的报酬。他教育孩子要把自己劳动获得的报酬交给父母用于家里开支，认为这是培养孩子对父母的义务感的重要方式。他和帕夫雷什中学的教师一起，利用学校能采取的各种手段，力求使毕业后的年轻人在走上独立的生活道路之后，也能把自己收入的一部分交给父母。除此之外，在培养学生对父母和亲人的义务和责任感方面，他还做了大量工作。比如，他要求孩子在住房旁边的地里栽上一棵母亲苹果树、父亲苹果树、奶奶苹果树、兄弟苹果树、姐妹苹果树，并把结的第一批果实送给自己的亲人；他告诉孩子们应该尽可能给父母减轻负担，"你们有责任和义务给家庭带来幸福和欢乐"。他讲了八年级学生维克多·马特维延科的故事，这个男孩决心数学得5分（满分为5分），他不希望父母提起他的数学就苦恼。结果他终于得了5分，当他兴高采烈地跑回家把这个消息告诉父母时，他的父母正在激烈地争吵，一个家庭濒于破碎……。当父母看到儿子的笑脸，看到儿子如此努力，并取得如此优异的成绩时，他们感到十分羞愧。维克多·马特维延科的努力挽救了一个家庭，给家庭带来了欢乐、和睦和安宁，使他的父亲免于背叛，使父母之间那种微妙而深深的裂痕消失了。

读着这样的故事，我也十分感动。一个孩子因为怀着对父母的义务与责任感——不让父母为自己的学习担心、失望，坚持不懈地努力，终于取得了优异的学习成绩，而他的父母在这样的儿子面前又怎么能不羞愧呢？他们被自己的儿子唤起了为人父母的义务与责任感，重新回到了生活的正确轨道。不管是成人还是孩子，心中怀有对他人的义务与责任感是多么重要呀！

苏霍姆林斯基总是通过孩子们生活中的一些看似不起眼的小事展开教育。比如，他带领孩子们到森林中去，经过一片晒得极热的草原时，孩子们又累又渴。这时大家看到一口清泉，蜂拥而上，都想马上喝上一口水。此时，他教育孩子们，应该先让别人喝，他尤其告诉男孩子们，应该让女孩子们先喝；春汛时期，河里涨满了水，小女孩加利娅上学的路被河水挡住了，苏霍姆林斯基就带领孩子们一起去接加利娅来上学；10岁的女孩伊拉得了重病卧床不起，苏霍姆林斯基和孩子们一起给这个不幸的女孩写了一封信，希望能让她免于孤独……。通过这些点点滴滴的小事，苏霍姆林斯基教育孩子：你活在这个世上，绝不是孤独一人，要心中有他人；你在享受生活中一切美好的东西时，应该意识到你也有责任、有义务为他人奉献自己。

当我阅读这些案例的时候，令我感慨万千的是，苏霍姆林斯基在20世纪中叶就已经找到了培养学生对他人的义务和责任感的办法，但半个世纪过去了，学生缺乏对他人的义务和责任感的问题不但依然存在，而且非常严重。

作为教师和家长，当我们心里只有孩子的时候，我们也该设法让孩子想一想：我的心中是否有他人？我该如何向别人奉献自己？

莫让孩子
知道你在
教育他

苏霍姆林斯基——

大家知道，任何一种教育现
象，孩子在其中越少感觉到
教育者的意图，它的教育效
果就越大。

批评与惩戒的艺术

批评教育那些犯了错误的孩子，是班主任的职责。这似乎是毋庸置疑的事情。但近年来发生的一连串家校纠纷，让教师的批评权受到了严重挑战。学生犯了错误，很多教师不敢批评学生，更不敢惩戒学生。在教育部 2009 年出台的《中小学班主任工作规定》中，第四章"待遇与权利"这一部分，有这样的内容："班主任在日常教育教学管理中，有采取适当方式对学生进行批评教育的权利。"2019 年 11 月，教育部又发布了《中小学教师实施教育惩戒规则（征求意见稿）》，对教师惩戒权作出了明确解释，不仅赋予教师惩戒权，还划分了惩戒的三种类型：一般惩戒、较重惩戒和严重惩戒。

其实，老师不该批评、惩戒学生，完全是个伪命题。苏联教育家马卡连柯认为，"适当的惩戒不仅是老师的权利，更是老师的义务，不了解惩戒，老师就放弃了一部分自己应尽的职责"。剥夺了教师批评、惩戒的权利，就是放弃了教师爱学生的责任；教师爱着学生却不能对犯错的学生进行批评与惩戒，实际上爱学生就成了一句空话；教师不能对犯错的学生实施批评与惩戒，学生就在很大程度上失去了不断成长、不断完善自己的机会。

从教师是否有批评与惩戒权的争论中，我还想到，如果教师被剥夺了批评教育学生的权利，就意味着我们必须承认学生是不会犯错误的，因而是不需要教育的。有了这样一个假设，我们不禁要问：教育存在的意义在哪里？教师存在的价值在何处？不得不说，我们陷入了一个逻辑上的悖论。

我们这样分析后就会发现，教师批评、惩戒学生的权利几乎是由他的工作天职赋予的。但关键是教师如何批评、惩戒学生，何谓"适当方式"呢？

在苏霍姆林斯基看来，教师无论采取何种"适当方式"批评、惩戒学生都应基于一个前提，那就是明确哪些行为是值得教师批评、惩戒的。也就是说，在教师批评、惩戒学生之前，先要明确学生所犯的哪些过失和错误是可以批评、惩戒的。对此，苏霍姆林斯基这样提醒教师：

> 对于老师而言，很重要的一点，就是善于看到需要责备、毫不留情的东西。教育过程一个很大的缺点，就在于许多老师花费很多精力去同孩子的淘气、恶作剧作斗争。值得去责备的却是那种播下利己主义种子的行为以及以冷漠的态度对待他人精神世界的行为。①

在此，苏霍姆林斯基指出了教师在教育过程中容易犯的一个错误，那就是看不到那些真正需要批评、责备的东西，反而在一些无关紧要的细节上纠缠不清。在他看来，只有利己主义和对待他人的冷漠态度才是真正值得批评和责备的。

这令我想起一位小学班主任曾经谈到的一些做法，这些做法令我很是感慨。这位老师姓刘，做班主任已经快 20 年了，每一届学生都十分喜欢她，家长也非常信任她。有趣的是，面对那些十分淘气的孩子，她很多时候都采取睁一只眼闭一只眼的做法。比如，班上有孩子在校园的柳树下比赛腾空跳跃，看谁能够得着那根垂下来的柳枝，刘老师从窗户里看到这些孩子并不想把柳枝折下来，就笑一下由他们去了；雨后的校园

---

① 苏霍姆林斯基. 怎样培养真正的人[M]. 蔡汀，译. 北京：教育科学出版社，1992：205.

里有青蛙叫，课下便有孩子跑到栽满月季的园地周围寻找，一边找一边开心地笑，刘老师也并不批评责备。在她看来，这就是孩子的天性，不是什么错误。如果连这些行为都要批评，班主任就会陷入无穷无尽的纠缠中，给原本就琐碎的班主任工作增加麻烦。从学生的角度来说，束缚学生的天性，就像不让天上的鸟儿飞翔，不让春天的花朵开放。

我十分赞同刘老师的做法。作为一个教师和一个孩子的母亲，我更赞同教师对孩子要多一分宽容，尤其是当我们看到有些行为是源于孩子的天性时，我们不妨微笑着包容这一切，因为我们曾经也是孩子。

苏霍姆林斯基与孩子们一起坐在一个池塘边，他向孩子们讲起自己小时候的故事。他告诉孩子们，那时他也是一个小孩子，在池塘里洗过澡，还在池塘边的树根下捉过鱼虾。孩子们十分惊异——难道眼前这个头发花白的老人曾经也是个孩子吗？孩子们拉着苏霍姆林斯基的手，惊讶地看着他，纷纷问道："当年那个男孩子到哪里去了呢？"

阅读这些温馨的故事时，我常常在想，作为教师，如果我们永远记住自己曾经也是个孩子，也许我们的教育工作就会少一分焦虑，多一分宽容。我们多么熟悉这样的情景：在课堂上，儿童盯住树影投在教室墙壁上跳跃的光点，看得入了迷，所以教师所讲的内容一点也没听进去。面对这样的孩子，苏霍姆林斯基提醒教师不要大声斥责他，不要当着全班同学的面把他当作不注意听讲、坐不安稳的坏典型，而是应该轻轻地走到他跟前，握住他的双手，把他从他那童年的美妙的独木舟上引渡到全班学生乘坐的知识的快艇上来。我们要理解孩子，并允许孩子有那么一刻可以沉浸在童年的河流里，帮助他而不是命令他学会支配自己的时间和思想。童年的小舟缓缓地行驶着，有些事情注定会发生，就如孩子上课会走神，会忘记写作业，会有那么一刻想做点大人看来非常无聊的事，但这就是儿童。我们已经走过，也应该帮助孩子安然地、没有任何恐惧地走过。

与宽容地对待孩子的天性相比，在对待学生中可能出现的利己主义和对他人的冷漠态度时，苏霍姆林斯基主张严肃地批评教育。那个吃掉了同学午餐的萨沙，那个让小莉娜陷入雪堆却不管的亚历山大，那个用棍子胡乱抽打花枝的维佳，都受到了苏霍姆林斯基的批评教育。他告诉那些孩子，自私自利和毫不关心他人的痛苦，随意践踏别人的劳动，都是可耻的行为，那些孩子应该反思自己，并用具体的行动改正错误。

在谈到如何对学生进行批评教育时，苏霍姆林斯基强调要采用适当的方法。他认为只有针对具体的学生，谴责的语言才能获得强大的力量，要避免对学生集体进行责备。当怒气冲冲的教师责备学生集体时，往往是"一般地"痛斥恶习，并指望自己的责备能够触及那些现在一点过错也没有的人，因为那些人以后可能会犯同样的错误。苏霍姆林斯基认为这是一种教育的无知，因为这等于给所有人都开了同一种药，希望这种药既对不需要治疗的人无害，又对需要治疗的人来说恰到好处。

苏霍姆林斯基的提醒值得所有班主任反思。在大量的教育实践中，我们不止一次听说这样的事例：班主任因为学生做的某一件错事而大发雷霆，在班上对学生进行集体训斥，其实犯错的不过是几个学生而已，但全班学生必须战战兢兢地陪着一起挨训。细细分析教师这样做的初衷，恰如苏霍姆林斯基所说的，希望学生能够"有则改之，无则加勉"，认为这样做既批评了那些犯错的学生，又警示了其他没有犯错的学生。其实教师的这个做法就意味着他在内心里认为那些没有犯错的学生迟早是会犯错的，这就等于给他们打了一支预防针。在苏霍姆林斯基看来，这是一种教育上非常无知的表现。对那些犯了错误需要批评教育的孩子来说，这种集体批评与惩戒很难抵达他们的心灵，而不能抵达心灵的批评与惩戒是没有多大效果的，充其量只不过是一种震慑，是一种让他们在集体面前丢脸的行为，他们不但不会认真反思自己的错误，相反还会在心里对教师产生怨恨，甚至会因为自己在集体面前丢脸了而觉得已经为所犯的错误付出了代价，他们就不会再进一步思考：我该采取哪些具体的行动来改正错误，挽回过失？有些经受了这种批评的孩子还会破罐子破摔，因为这种在大庭广众下的批评使他们丢尽了脸。而对那些没有犯错却被陪绑的孩子，他们内心的冤屈自不必多说，他们还会觉得犯错与不犯错都没有多大区别，反正一样要接受训诫；又由于教师批评的那种错误行为与他们毫不相干，可他们还是要坐在那里接受批评教育，这就等于他们在预先接受警告，在这样的警告中，他们感受到了老师的不信任，老师认为他们迟早会犯同样的错误……

通过这样的分析我们可以看出，对学生的批评与惩戒应尽可能针对具体的人、具体的事，不宜采用集体训诫的形式。当然，在针对具体的人和事进行教育时，应结合事件的性质和学生个体的具体情况采取措施。在苏霍姆林斯基看来，批评与惩戒学生有一个基本的原则，那就是：批评与惩戒的目的是促进学生反思。批评与惩戒不应该成为一种结果，更应该是一种手段、一个过程。如果批评与惩戒不能促进学生反思，它们的存在就没有意义和价值，更谈不上让学生采取实际行动改正错误。

一句话，批评与惩戒学生是一个非常敏感而细腻的领域。教师掌握好这个教育学生的工具，是一门艺术。

表扬也是一门艺术

对教师来说，批评与惩戒学生需要非常慎重，这个道理是比较容易明白的。但可能许多教师并没有想过，表扬学生同样是一门艺术。在很多时候，不恰当的表扬所产生的负面作用并不亚于惩罚。

苏霍姆林斯基曾讲过一个叫沃洛佳的男孩的故事。在老师和同学的眼里，沃洛佳是一个模范优秀生，还是少先队小队长。他常常帮助孤身的老婆婆挑水、劈柴，他的先进事迹经常出现在学校的墙报上和区里的报纸上。但就是这样一个在老师和同学眼里无可挑剔的优秀生，在他的奶奶看来，他却是个没有心肝的人：他把自己的脏衣服扔给奶奶洗，却丝毫不顾及奶奶的手指因为患有严重的风湿病已经不能动了；他的父亲病重时，他整晚整晚地听广播，毫不考虑病重的父亲需要安静；父亲不幸去世后，他却没有丝毫悲伤，若无其事地来上学，照样在班里跟同学打闹说笑……。对此，苏霍姆林斯基悲愤地说道，如果不是没完没了地表扬沃洛佳，如果不是给他颁发荣誉证书，若要沃洛佳帮助别人，也许他连一根手指都不愿动！

苏霍姆林斯基通过沃洛佳的事情告诉我们，表扬学生是一门艺术，不能让学生只是因为希望得到表扬才做好事。苏霍姆林斯基认为，如果只有表扬才能够给儿童带来欢乐，那就潜伏着一种危险，这种危险就是引发学生的虚荣心，让他只是为了受到表扬才去做好事。他做好事不是基于内心深处向善向上的自觉意识，而是为了做给别人看，从而博得虚名。而在没有人监督的情况下，他就会完全表现出另外一种面貌：自私自利，虚伪浮夸，甚至不惜为了虚名而损害别人的利益……

苏霍姆林斯基强调，真正的教育是使学生做好事而不指望表扬，引导学生追求美好的事情，夸奖、抚爱非常必要，但必须运用得非常恰当。如果做了好事就大肆宣扬，把做好事当作不寻常、非常特殊的事来声张，一个真正的人就会感到不舒畅，而不会沾沾自喜。但这并不是说不要对孩子进行激励，而是要使孩子明白，不应该为了得到表扬和奖励才去做自己应该做的事，更不能把自己应该做的事当成一种满足虚荣心的手段。否则，表扬就成了滋生虚伪与欺骗的温床。

但如何教育孩子把做好事当作一种良心的呼唤而不是追求表扬的手段呢？我想起了亲身经历的一件事。

一天，我和女儿走在大街上，迎面走来一对衣衫褴褛、挂着拐杖的老夫妇。两个老人看上去都80岁左右，老婆婆双目失明，手里拿着一个碗，碗里有几枚硬币。"行行好吧！"老爷爷对我们说。我掏出钱包，却发现里面只有几张百元钞票，还有四枚一角钱的硬币。像往常一样，我没有直接把钱给两位老人，而是把四枚硬币交给女儿，让她放到老人的碗里。当女儿把四角钱放入老人的碗里时，意外的情况发生了——老爷爷看了看硬币，嘟囔了一句："真小气，连一块钱都不舍得给！"

一刹那，我和女儿都呆住了。虽然老人说话的声音不大，但我们都听得清清楚楚。女儿诧异地扭头看了看我，什么话都没说。女儿还不到10岁，以她的年龄很难判断刚才发生的事情。按照她的经验，每次见到乞讨的人都会给一点点钱，而且每次都会听到被帮助者的一声"谢谢"，或者获得一个鞠躬。可今天发生的这一切完全超出了她的经验。说实话，这一幕也超出了我的经验。此时，两个老人已经相携着走开了。

我牵着女儿的手，接着往前走。女儿默默地跟着我，我看到她的眼圈红了。我知道今天这一幕对她来说，是一次小小的打击，因为她第一次体验到善意不一定会收获善意，做好事获得的不一定都是赞扬和感激。但我也非常清楚，我必须跟她探讨一下刚才发生的事，无论是从母亲还是从教师的角度来说，我都觉得这是一次教育机会。对女儿来说，这是一次成长体验。

"刚才老爷爷的话真让人想不到哇！"我装作自言自语地说。

"妈妈，老爷爷为什么没有感谢我们，还说我们小气呢？"女儿的眼泪终于流下来了。我把话头挑起来，就是希望解开她心头的疙瘩。

"我们给他们的钱是很少，但我们给他们钱的时候，是不是就是为了让他们感谢呢？"

女儿想了想："不是。"

"这就是了，我们根本不是为了让他们感谢我们才这么做的呀！所以他们没有感谢我们，我们也不要计较。"

"可是，老爷爷刚才说我们小气……"女儿对这句话耿耿于怀。

"是呀，他刚才是说过我们小气，这当然是他的不对。我们给他们钱，就是为了向他们表示我们心里的善意。虽然钱很少，但我们心里的善意并不少。至于老爷爷怎么想，我们没办法决定，但有一点我们可以做到，那就是不要因为别人的误解而伤害自己。"

"妈妈，我知道了，我们做我们的，老爷爷说他的！"女儿的话语和神情都放松了。

"那以后你还会帮助这些人吗？"我还有点不放心。

"妈妈，我当然会啦！"女儿说完，蹦蹦跳跳地跑到前面去了。

这场小小的风波就这样过去了。我希望女儿懂得，做好事是心中那份善意的自然流露，是因为做了好事内心会体验到一种愉悦和满足，而不是对赞扬和感谢的需求。应该说，她对自己所作所为的意义并不是十分了解，哪怕我现在已经给她讲了这些道理，她也不一定完全听得明白，但一个孩子在童年阶段必须接受这样的教育，那就是在心里埋下一颗善的种子，并且这种善不是出于一种对虚荣心的满足，也不是一种渴望别人赞扬的需要，而是一种良心的召唤，是做人的一个基本原则。

苏霍姆林斯基从多年的教育经验出发，认识到这样的道理：慷慨与无私无论以什么方式来表现，都不应该被奖赏，慷慨不应该作为某种特殊的东西来理解和体验。他希望获得帮助的人是因为人的无私而感受到喜悦，而不一定要让他们知道是谁给他们带来欢乐的。

在我看来，这个道理是十分深刻的。非常遗憾的是，当下我们很少认识到这一点。比如，我们经常听说这样的事：出身贫寒的大学生、落后山区的孩子接受某人的捐助后，被要求定期给捐助者写信、打电话汇报学习等各方面的情况，甚至把每月的开支告知捐助者。近几年，也出现一些受捐者和捐助者之间闹矛盾的情况。出于种种原因，受捐的孩子没有积极地与捐助者联系，捐助者心里往往就有了想法。当然，也有少数受捐的孩子没有很好地珍惜捐助者提供的学习机会而出现了别的问题。

其实，让受捐的孩子知道是谁给他提供了捐助并不是一种很好的做法。对此，我们可以细细做一个分析。被帮助的孩子由于知道是某一个具体的人给了他帮助，就会对这个具体的人心存感激，当然这种感激对这个孩子的道德观与价值观的形成也会产生积极的影响，但如果要求他通过定期通信、汇报的形式与提供帮助的人联系，就会给他造成一种道德上的负担：他会时刻意识到自己欠别人的，自己是一个负债者，虽然这种债不用归还，但恰恰因为不用归还而使他终生都充满了负债感。如果被帮助的人不知道是哪一个人给他提供了帮助，而是以社会公益团体（如希望工程或慈善机构）的名义给他提供帮助，被帮助的人就不需要面对具体的某个人，他心中的感激就是针对这个社会公益团体，也就是针对整个社会。这既可以使他免去负债感，又可以使他对整个社会充满感恩，进而为他今后以健康积极的心态走向生活、回报社会奠定良好的基础。同时，对于那些给别人提供帮助的人来说，不知道具体的受助者的名字，同样是有好处的——毕竟，给别人提供力所能及的帮助应该是出于发自内心的善意，而不是希望从受助者那里得到感激。只要我们知道自己捐出去的钱真正用在了需要帮助的人身上，就足够了。因此，我比较反对受助者与帮助者之间建立个人联系。

在具体的班级管理工作中，这个道理也同样适用。作为班主任，我们应该在孩子的心里逐渐建立做好事不求表扬的信念，在班级营造做好事不求表扬的氛围。这就要求我们在平时使用表扬这一手段时，同样要慎重。比如，借给同学一块橡皮是应该的，不拖欠作业是应该的，按时做值日是应该的，把地上的果皮纸屑捡起来扔进垃圾桶是应该的，给口干舌燥的老师倒一杯水是应该的……，这些都不应该受到大力的表扬。这并不是说不要对学生进行表扬，而是说要注意表扬的方式和时机。有时，教师一个赞许的眼神，一个看似不经意的拍拍肩膀的动作，也是表扬。在表扬具体的人时，要落实到具体的行为，要让学生知道，受到表扬的是行为本身，而不是个人，至少不主要是个人。教师绝不能一概论之，用一些动听、空泛的话语笼统地表扬一番，否则很容易在班里掀起浮夸虚荣之风，不论是对被表扬的孩子还是班里其他孩子，都会产生不利影响。

表扬跟惩罚一样，是教育中最细腻、最敏感的领域之一。它是一门艺术，作为一种教育手段，需要每一位教师恰当地使用。

学生评价体系的建构与实施

怎样对学生进行评价？这是一个沉重的话题。多年来，怎样对学生进行评价，几乎成为一个伪话题——除了考试分数，别的评价方式还能占有一席之地吗？但是当我们回到教育本身，当我们本着教育人的最终目的，本着教育工作者教书育人的天然职责去工作时，我们就不能不考虑这个问题。

我很想知道 20 世纪中叶的乌克兰是怎样评价学生的，或者确切地说，我很想知道苏霍姆林斯基在他的帕夫雷什中学是怎样评价学生的。作为一个教师，也作为一个班主任和校长，苏霍姆林斯基同样不能绕开"学生评价"这个话题。我迫切地想要寻找到他的"评价标准"和"评价方式"，我终于找到了：

> 我们评定操行的根据是这样一些要求：能进行自我教育，能认真劳动（包括学习劳动和公益劳动），爱护并充实人民财产，诚实，尊敬劳动人民，尊敬父母，尊敬老人，尊重妇女，不容忍坏事，积极参与对低年级同学和学前儿童的教育活动，能为别人做好事。[①]

苏霍姆林斯基正是按照这些要求对学生实施评价的，这些要求涵盖

---

① 苏霍姆林斯基. 帕夫雷什中学[M]. 赵玮，等译. 北京：教育科学出版社，1983：244.

了他评价学生的各个方面。在苏霍姆林斯基的教育实践中，他正是将这些方面化作了学生具体的行动。在这些要求中，我们没有看到任何具体的实施细则，因为苏霍姆林斯基在各个领域都有一整套十分完整的教育体系。这个体系如此庞大，又如此完备，以至于我们在深入任何一个领域后，都不得不为苏霍姆林斯基那种建立在无限悲悯的情怀之上的高度的责任感、丰富的教育智慧、敏锐的洞察力，以及对学生深刻全面的把握和理解而深深地折服。令人惊异的是，在这些要求中，除了要求学生"认真劳动"包括"学习劳动"之外，没有提到任何关于学生达到某一个水平的"学习成绩"的要求。是苏霍姆林斯基不重视学习成绩吗？当然不是。我们可以通过苏霍姆林斯基给学生评分的方法窥见一斑。他非常自豪地宣布：

> 在小学 4 年的教学过程中，我从未给学生打过一个不及格的分数——不管是书面作业，还是口头回答。[1]

与我们当下的教育处境相类似的是，在 20 世纪中叶的乌克兰，苏霍姆林斯基也感受到了那种对分数的狂热追求。正如他自己所说，他经常以极其惶恐的心情想到追求好分数的狂热——这种狂热来自家庭，又蔓延至教师，成为学生幼小心灵上的沉重负担，摧残他们的心灵。正是因为看到了一味追求好分数的严重后果，苏霍姆林斯基改变了对学生学习成绩的评价方式，他只在他们的脑力劳动取得良好成绩的情况下才给他们打分。他力求使他们明白，教师评价的不光是他们的成绩，还有他们对待学习的精神态度和努力程度。当他们暂时没有得到分数时，他们就知道自己还应该更加努力，通往成功的路并没有被堵死，老师在等待着

---

① 苏霍姆林斯基. 我把心给了孩子们[M]. 唐其慈，等译//蔡汀，等. 苏霍姆林斯基选集：第3卷. 北京：教育科学出版社，2001：224.

他们，相信他们一定会成功。受到这样的鼓舞的孩子，他们内心深处良好的愿望会被激发，他们就没有理由不继续努力。

除了不给学生打不及格的分数，苏霍姆林斯基还主张一定要让每一个孩子在某一个领域、某一门学科上取得成绩。他认为如果孩子有一门自己喜爱的学科，有一项能让自己入迷的活动，哪怕有些学科成绩暂时没有达到优秀，也不必为此担心，因为这些孩子已经获得寻求知识的快乐，树立了自尊和自信。相反，他为那些门门学科优秀，却没有一门自己喜爱的学科的学生感到忧虑，他认为那些学生没有获得寻求知识的快乐，走向社会之后有可能成为平庸之辈。此外，苏霍姆林斯基认为在课堂上默不作声，对精神生活中的任何事情都毫无反应、不积极参与是一种缺乏个性的行为，是一种不好的现象。因此，苏霍姆林斯基在评价体系中特别提到了对这类学生的评价：在用五级分制评定操行的情况下，绝不给这些学生评"优"（5分）。苏霍姆林斯基希望通过这样的评价方式让孩子们懂得，不要过分看重分数的高低，要积极投身到学校生活的方方面面，要有自己喜爱的领域，并为此付出自己的努力。

除了这些有关学习的评价标准，苏霍姆林斯基首先要求学生能够进行自我教育。他特别强调学生要具有一种"没有旁人在场的个人诚实"。为了培养学生具备这种"没有旁人在场的个人诚实"，苏霍姆林斯基通过一系列教育举措来引导孩子进行自我教育，引导孩子学会支配自己的感性和理性，引导孩子学会面对自己的良心说话。仔细想来，所谓"没有旁人在场的个人诚实"，就是要求人具有足够强大的理性来支配自己的感性，而在很多情况下，做到这一点并不容易。尤其是对孩子来说，他们的感性与理性尚处于形成与发展阶段，能做到这一点是相当不容易的，这有赖于长期的、深入心灵的教育，以及教师对孩子各个生长阶段全面而准确的把握。从苏霍姆林斯基的评价体系中，我们可以看到他对学生的自我教育是十分重视的，这成为评价学生的一个重要方面。

在苏霍姆林斯基的评价体系中，能否认真参加劳动是另一个主要考核内容。这里的劳动既包括学习劳动，也包括公益劳动。在苏霍姆林斯基的教育思想中，劳动不是单纯的体力劳动，更是一种精神的培育。劳动不仅是一种教育手段，更是一个对学生精神世界的教育过程。他曾经带领孩子们一起动手，在沟边斜坡的荒地上开辟了一块葡萄园，种植了9公顷葡萄，后来葡萄获得了大丰收，他们就邀请村里人来品尝葡萄，并动员人们在大面积荒芜的坡地上都种上葡萄。从孩子们入学的第一天起，他就动员孩子们参加劳动。比如，为自己的亲人栽苹果树和葡萄苗，栽玫瑰和蔷薇，种小麦和大豆，把成熟的第一批果实送给自己的亲人；用自己种的小麦磨成的面粉做面包，请亲人和老师品尝。当亲人们品尝着甘甜的果实和香喷喷的大面包时，孩子们心中就会涌出一种巨大的欢乐和幸福，这是做其他任何一件事都无法带来的。为了这一刹那的幸福感，孩子们要劳动几个月，甚至好几年，这就是劳动巨大的教育力量。这一刹那，不仅使孩子们的情感发展和道德发展提高到一个新的阶段，而且在他们心中留下了深刻的痕迹。在感受着那最美好情境的一瞬间，孩子们也深刻地了解了别人的内心世界。在这里，劳动不仅是一种教育手段，更是一个极其宝贵的教育过程。苏霍姆林斯基的"爱护并充实人民财产""尊敬劳动人民""尊敬父母"等理念，都是与这种劳动教育一脉相承的。只有认真地参加了劳动的孩子，才有资格获得好的评价。

苏霍姆林斯基的评价体系专门提到了对妇女的尊重，这也是他非常重要的教育理念之一。在他的著作中，他反复强调一个男孩作为母亲的儿子和未来妻子的丈夫、孩子的父亲，所应具备的责任感。他认为男人应该意识到女人的艰难，有责任帮助女人减少这种艰难。这并不是说女性是弱者，而是说女人天然地比男人要艰难得多。男人要善于爱自己孩子的母亲，要善于珍惜她的健康、美丽、荣誉，要善于保护她不生病，不使她受到不公正的待遇。他告诉男孩子们：当女人在生活中出现困难时，她就有权利要求我们男人去帮助她；如果女人有了困难，而我们男人却无动于衷、不闻不问，这样的男人是可耻的。他甚至这样嘱咐男孩子们：

你们要记住，对待女人的态度，一般就是衡量一个人的道德尺子。[①]

对待女人的态度是衡量一个人的道德尺子，我们因此可以看出对妇女的尊重在苏霍姆林斯基的道德评价体系中的重要地位。至此，苏霍姆林斯基的学生们，尤其是男孩子们，都已经非常清楚应该如何对待女性。对这些只有十来岁的孩子来说，苏霍姆林斯基则注重在一些适合他们参与的活动中渗透这种思想。比如，在帕夫雷什中学一年一度的"女孩节"上，男孩们要给女孩们赠送礼物。礼物可以是自己种植的一束鲜花，也可以是自己创作的一幅图画。通过这样的活动，苏霍姆林斯基在每一个男孩的心中树立对女孩的尊重，也让每一个女孩感受到身为女孩的自豪。

苏霍姆林斯基的评价体系不仅要求学生为别人做好事，比如高年级同学帮助低年级同学，将自己的精神财富赠予别的同学，还旗帜鲜明地要求学生与坏人坏事作斗争。尽管在大多数情况下，这种斗争并不"激烈"，但苏霍姆林斯基却要求学生不能在这类明知不对的事情面前背过脸去。他曾这样告诉孩子们："如果你看到一个妇女正在遭受欺负，而你自己却跑掉了，这就是一种耻辱，是不能被原谅的。"因此，当小女孩莉娜为了躲避亚历山大而陷在雪堆里，而亚历山大却哈哈大笑，没有伸出援手时，他遭到了同学们严厉的批评；当一个孩子踢球把一位老人的手杖撞掉，另一个孩子却嘲笑老人无能，致使那位可怜的老人哭着走开时，其他孩子一起上前批评了那个嘲笑老人的孩子，老师也参与进来，教育孩子们应该尊敬老人，勇敢地同邪恶和不正当的行为作斗争。

苏霍姆林斯基除了制定这些评价的基本标准，更注重将这些标准体

[①] 苏霍姆林斯基. 怎样培养真正的人[M]. 蔡汀，译. 北京：教育科学出版社，1992：281.

现在教育学生的实践过程中，体现在具体的行动中。我认为这是整个评价过程中最难的一部分。在大量的教育实践中，我们发现，要出台一些规定是很容易的，但落实到评价的具体过程中却是比较难的。在这方面，苏霍姆林斯基积累了大量的经验。比如，在对每个孩子进行操行评定时，他要求每个班级都参加学期和学年的操行评定工作，认为这样有助于学生加深对这些要求的理解。班集体对每个学生该得到怎样的评分，能自行得出结论，会全面考虑、综合评价他劳动怎样、学习怎样、社会活动如何。评分由班主任在班会上确定，而且进行评定时，学校几乎从来没有发生老师和学生集体之间意见出现分歧的情况。一旦出现分歧，班级则将问题提交到校务会分析研究，在取得班代表和所争议学生本人的同意后才能最后确定操行评分。

　　苏霍姆林斯基的评价体系，是一项非常复杂且庞大的系统工程，然而又是那么细腻而具体。这一方面是由于苏霍姆林斯基的教育思想紧密地植根于实践，另一方面是因为他认为对人的评价绝对不是一项简单的工作。毕竟，在这个世界上，再也没有什么比人更复杂的了。

莫让孩子知道你在教育他

当我们在谈论对孩子的教育时，不仅应该本着一颗真正的爱孩子的心，而且我们也应该懂得如何对待那一颗颗敏感而娇嫩的心。苏霍姆林斯基无疑是深谙其中奥秘的教育高手。在他的教育论述中，我们可以看到如此细腻、周全的思考：

> 大家知道，任何一种教育现象，孩子在其中越少感觉到教育者的意图，它的教育效果就越大。[1]

这里强调的是一种非常微妙的教育艺术，是苏霍姆林斯基在深刻洞察、了解孩子心理的基础上总结出的宝贵经验。他告诉教师，当孩子不知道你在教育他时，你获得成功的可能性更大。这使我想起一位年轻班主任汪老师的教育经历。

汪老师是一位青年教师，担任初一某班的班主任。最近她十分苦恼。她向我提起对班里一个男孩的教育，希望能征求我的意见。学生刚入学不久，汪老师的班上就发生了一件事：一个女生哭哭啼啼地找到汪老师，说坐在她后排的男生苗青常常骂她，而且骂的话很难听。汪老师听了，就叫人把苗青找来问个究竟。好半天，苗青才来到办公室，一副满不在

---

① 苏霍姆林斯基. 帕夫雷什中学[M]. 赵玮，等译. 北京：教育科学出版社，1983：前言14.

乎的样子，站在汪老师面前。汪老师就问苗青为什么骂那个女生，苗青竟然回答说，不为什么，就是看不惯她。听了这样的回答，汪老师很长时间都反应不过来：天下竟有这么无理的事，就因为看不惯别人，就可以骂人？眼前这个苗青，究竟是个怎样的孩子呀！

汪老师一时想不出该对苗青说些什么，想了半天，只好对他说："你不能因为看不惯别人，就随便骂人哪！这是什么道理？"

苗青撇撇嘴巴，没说话。

汪老师继续说："如果别人因为看不惯你而骂你，你想想看，你是什么感受？"

苗青翻翻眼皮，一脸不服气，虽然没说话，但眼神却分明在说"他敢"或"等着瞧"。

汪老师压了压心里的火，尽量用平静的语气说："不管怎么说，你骂人总是不对的，回去向同学道歉，以后不许骂了。"

听完这句话，苗青扭头就走了，剩下汪老师呆呆地坐在座位上半天没动。她预感到，自己遇到了一个令人头疼的学生，对这个学生的教育将成为她班主任工作生涯中需要攻克的第一个堡垒。

在这之后，那个女生又几次哭着跑来告苗青的状，说苗青不但不道歉，还继续骂她。汪老师听了，马上又把苗青叫到办公室。苗青的理由还是一样：看不惯那个女生,讨厌那个女生。除了再说一遍上次说过的话，汪老师想不出还能说些什么。她也想过把那个女生调到别的位置，但又觉得这样做显得自己太窝囊了：对这么一个蛮不讲理的孩子，难道就没有别的办法了？但那个女生的家长已经多次与汪老师联系，强烈要求把女儿调到别的位置上，还说想揍苗青一顿……。事已至此，汪老师只好给那个女生调整了座位。可是，就在调整座位的第二天，令人意想不到的情况发生了：另一个被安排在苗青前排的女生也被骂了！汪老师马上找到苗青，苗青竟将脖子一扭："我也看不惯她！"

汪老师强压住心里的火……。跟许多班主任一样，她也想到了找家长，可打了好几次电话之后，苗青的家长始终都没露面。让苗青自己把家长叫来显然是不可能的。正当汪老师准备做一次家访的时候，学校组织了第一次全体家长会，汪老师终于见到了苗青的家长，但不是苗青的父母，而是他的姑姑。汪老师了解到，苗青的父母在苗青很小的时候就离了婚，两个人都不要苗青，这些年到外地打工很少回来，姑姑看苗青可怜，就经常照顾他。姑姑在菜市场做水产品批发生意，每天天不亮就起床，十分辛苦，听说苗青骂人的事，她答应回去一定好好教育他。

可就在家长会的第二天，苗青又骂人了。原因是那个女生向老师告状，老师又向他姑姑告状，他姑姑回去狠狠地骂了他一顿，所以现在他要骂回来，给自己出出气。汪老师一听，简直气炸了，她跑到教室，一把拉住苗青的胳膊就往外走。苗青使劲一甩，竟把汪老师甩了个趔趄，差点跌倒，然后他自己就走到教室外面去了。此时，教室里学生在上自习课，都看到了眼前这一幕。汪老师气得眼泪差点都出来了，她来到教室外的走廊上，看到苗青竟也满脸怒容，恨恨地瞪着她。看到他这个样子，汪老师什么话都说不出来，扭头回到了办公室，眼泪忍不住流了下来。至于苗青什么时候回到教室的，她就不知道了……

当汪老师向我说起这件事的时候，她的眼睛依然是红的。她说对这样的学生不知道该怎么办。根据汪老师反映的这些情况，我初步对苗青的情况作了判断：父母抛弃了他，姑姑忙于生计，这些造成了他情感与教育上的缺失；被父母抛弃这件事给已经上了中学的苗青造成了心灵上的打击；他不能控制自己，随便找碴儿，对老师和同学都没有基本的尊重，从他连续骂两个女生的事情就可以看出，他并不是看不惯某一个具体的人，只是想发泄心中的怨愤和委屈而已。对待这样的孩子，在不能改变其家庭环境的情况下，我建议汪老师不要试图一下子把他身上的毛病改掉，先不要提他骂人的事，可以尝试着慢慢走近他，看看他对什么有兴趣，然后争取和他在一起玩。

"在一起玩？"汪老师十分迷惑地看着我。我点点头，其实我提出这样的建议，只是基于一种十分朴实的想法：多接近学生，了解学生，在这个过程中找到解决问题的对策。至于效果究竟如何，我也没有把握。

在我和汪老师这次交流的两个月后，汪老师兴奋地打来电话："苗青不骂人了！还帮着同学做值日呢！"我也很高兴，忙问汪老师是怎么做到的。她告诉我，那天我们交谈之后，她回去就想办法接近苗青，寻找苗青的兴趣爱好，试着走近苗青。后来，她听学校的信息技术老师说苗青在信息技术方面特别有天分，新知识一教就会，她就想从这一点入手接近苗青。那段时间，她正好要上一节公开课，需要做课件，就灵机一动，把苗青叫来，请他帮自己做课件。起初，苗青有点不相信汪老师会这么看重他、信任他，但他还是表现得非常高兴。连续一周，每天下午放学后，苗青都留在汪老师的办公室做课件。终于，他按照汪老师的要求把课件做好了。那天下午，汪老师一边演示着课件一边兴奋地说："太棒了！真了不起！……"坐在旁边的苗青自豪地笑了。汪老师第一次在他的脸上发现这么阳光、开朗的笑容……

那节公开课上，汪老师用苗青做的课件成功上完了课。课上完之后，汪老师特意宣布："课件是班里一个叫苗青的同学做的，他是个电脑天才！"她请苗青站起来，让大家认识一下。苗青有点发愣，显然他还没反应过来，等同学们的目光齐刷刷地向他看过来时，他才带着羞涩的笑容从座位上站起来。顿时，热烈的掌声响起来……

我之所以如此详尽地介绍汪老师教育苗青的经过，一方面是试图展示整个教育过程的复杂性，另一方面我希望我们可以从中领略到教育孩子是一门十分微妙的艺术。当孩子感到老师在教育他的时候，他会同时感到老师对他不信任、对他心怀不满。正处在青春期的少年，原本就很容易产生的叛逆心理便会膨胀起来。他不但不会接受老师的批评，还会故意做出一些恰恰不被允许的事情。当我们细细分析汪老师对苗青的整个教育过程时就不难得出这个结论：起初，汪老师试图通过口头批评、给学生调座位、争取家长配合等方式帮助苗青改正错误，但多次努力均告失败，因为这种"显而易见"的批评教育方式过于直接反而不能被像苗青这样的孩子接受；后来，汪老师决定试着走近苗青，在发现了他的电脑才能之后，请他帮忙做课件，却使苗青改掉了骂人的毛病。其实，苗青改掉了骂人的毛病只不过是教育的结果，是一个教育的显性层面。整个教育过程背后的实质是：当汪老师了解到苗青的成长背景之后，她选择走近苗青，了解他的长处，使他感受到别人对他的需要，这就在他的心中重新点亮了一盏灯。虽然汪老师自始至终没再提他骂同学的事情，但一个心中充满光明和温暖、重新建立对他人的信任的孩子，是不会满口粗话、与人为敌的，他会以善意回报善意，以信任回报信任。汪老师对苗青的教育就这样以一种近乎无痕的方式取得了成功，这就是春风化雨，这就是水到渠成。

苗青的故事使我想起了那个叫沃洛佳的孩子，他是苏霍姆林斯基的学生。在刚转到帕夫雷什中学读五年级后，苏霍姆林斯基就发现出于种种原因，这个孩子的心灵已经备受摧残。他充满怨恨，性格执拗，对所有人都不信任。面对这样一个"难教的孩子"，苏霍姆林斯基和帕夫雷什中学的其他老师一起，试着走近他，试图发现他的兴趣所在。终于，在经过多次尝试之后，苏霍姆林斯基终于发现沃洛佳喜欢果树嫁接。在一个春天的早晨，苏霍姆林斯基与他相遇在美丽的杏花树下。当时，沃洛佳正屏住气息观察那新发的第一片叶芽。他一抬头，看见了站在面前的苏霍姆林斯基，他俩的目光相遇了。沃洛佳的眼里充满了喜悦，师生忍不住紧紧地拥抱在一起……，那长期郁结在沃洛佳心头的坚冰终于慢慢融化了。

对沃洛佳的教育正反映了苏霍姆林斯基一贯的教育理念：不要让孩子感到你在试图教育他，要千方百计与孩子建立共同的兴趣，要善于发现他心中能响应我们召唤的那一隅。这样，教师就更容易克服那些妨碍教育的不利因素。我想，不论是苏霍姆林斯基对沃洛佳的教育，还是汪老师对苗青的教育，都体现了这种极其微妙的教育艺术。

我又想起了苏霍姆林斯基说过的话：

　　我总是竭力使教师们确信，如果你只限于从讲台上看见学生，如果只是由于你叫他来，他才走近你，如果他跟你的交谈只是回答你的提问，那么，任何心理学知识都帮不了你的忙。应当像跟朋友和志同道合者那样会见孩子，应当跟他同享胜利的喜悦，共担失败的忧伤。①

　　是的，每一位教师都应该记住：我不仅是教师，更应该是孩子志同道合的朋友；只有当孩子把我看成是他的朋友时，我对他的教育才会成功。

① 苏霍姆林斯基. 帕夫雷什中学[M]. 赵玮，等译. 北京：教育科学出版社，1983：12.

让学生感受到公正的胜利

孔老师是一位小学班主任，只有五年教龄。有一次我请她谈谈自己在班主任工作中感触最深的一件事，她想了想，给我讲述了她刚做班主任时的一次经历。

学校规定每周一和周四学生都要穿校服、戴红领巾。若班里有学生忘记，班级就会被扣分，评分将直接影响到班级能否获得当周的"流动红旗"，而获得"流动红旗"的次数最终会影响学期末班级能否被评为优秀班集体。这样一来，每个班主任都很重视这件事，孔老师也不例外。尽管她每次都提前强调周一、周四不要忘记穿校服和戴红领巾，但有时还是会有个别学生忘记。这真叫孔老师挠头。她在班里宣布了新的班规：谁若忘记在周一、周四穿校服、戴红领巾，不但会被点名批评，而且将被取消学期末的先进学生评选资格。这条班规一出，果然在之后的几周都没有学生再忘记。看着孩子们每周一、周四穿戴得整整齐齐的样子，孔老师很得意。

但这样的情况没有持续多久。那是一个周四的早上，有个学生气喘吁吁地跑来报告孔老师：赵伟没穿校服。孔老师一愣，赵伟是一个很乖的男孩，还是班干部，学习成绩非常好，是各学科教师公认的好学生。孔老师来到教室，一眼就从一片湖蓝色的校服中间看到那块显眼的绿色——赵伟穿了一件绿色的外套坐在座位上。他看上去局促不安，眼神很不自然。孔老师心里有点生气，问赵伟为什么没穿校服。赵伟站起来支支吾吾地回答：妈妈昨晚给他熨烫校服，不小心熨了一个洞，没法穿了……。事已至此，孔老师也不好再说什么。

本来以为这件事就这么过去了，但在期末评选各类先进学生时，孔老师却犯难了。原来，赵伟的期末考试成绩在班里名列前茅，孔老师便想提名赵伟参加评选"学习优秀生"。当孔老师把赵伟和其他几个成绩优异的孩子的名字写在班主任工作手册上时，她的脑海里忽然记起了赵伟没穿校服那件事。一时间，她有点不知如何是好：按照她当初宣布的班规，应该取消赵伟评选"学习优秀生"的资格，但赵伟这次成绩十分优异，而且其他方面表现也不错……。如果不遵守当初的规定，她就等于自食其言，不仅在学生面前的威信会受到影响，而且会不利于下学期开展工作；如果遵守当初的规定，对赵伟来说是不是一次打击？

想到这里，她决定把赵伟单独叫来做做工作。当赵伟听明白孔老师的意思之后，他的眼圈红了，眼泪慢慢地涌满眼眶。孔老师心里也很难受，但她还是决定取消赵伟评选"学习优秀生"的资格。后来，班里的其他孩子也都知道了赵伟没能评上"学习优秀生"的事。孔老师虽然知道赵伟心里很难受，但她还是觉得，这件事帮她在学生中间树立了威信，她以后的工作就更好做了。

我与孔老师细细分析了这件事。对孔老师的处理结果，我并不赞成，因为赵伟并不是有意不穿校服，而是出现了意想不到的情况，致使他没办法遵守规定，应该说他在主观上没有错。现在，他因为一次并非主观意愿的违规被取消了评选"学习优秀生"的资格，他在内心深处一定会认为孔老师不公正——恰恰是在孔老师和其他同学认为很公正的事情上，实际上却掩藏着很大的不公正。所以，他的委屈是完全可以理解的。另外，要求学生在每周的固定时间统一穿校服，这个规定究竟有何教育意义，恐怕还要商榷（苏霍姆林斯基不主张学生穿校服，他曾明确反对学生穿统一的服装，力求使服装增强和突出孩子个人的审美特点，坚持服装一定要有美感的要求）。

听了我的分析，孔老师意识到自己在处理赵伟这件事时过于粗糙，没有深入思考自己的教育行为可能会对学生心灵造成的伤害。她开始思考该怎么弥补自己的过失……

从孔老师的教育故事中，我们可以看到教育工作中一个非常敏感的领域——教师该如何在学生面前维护教育上的公正。在教育公正这个问题上，苏霍姆林斯基有着非常明确的洞察：

> 公正使儿童的心灵变得高尚，而不公正则使他们变得粗鲁、残酷无情。人的内心世界和人的周围世界之间的协调一致，就是通过感受到公正待遇的欢乐达到的。公正具有奇异的特性，它能拨开儿童的眼睛和心灵去感受美。不公正则仿佛用冰制的铠甲把年轻的心灵裹住，因而心灵就变得迟钝，对美置若罔闻。在家庭和学校里，起决定作用的是公正还是不公正，这一点决定着儿童的心灵状态，决定着他的内心世界与同他在一起生活或参与他的生活的人们之间相互作用的状态。①

在苏霍姆林斯基看来，教师公正的态度具有巨大的教育力量，它可以使孩子的心灵变得高尚，在很大程度上，教师公正与否对孩子的成长将起到决定作用。一个时时感受到公正的孩子，会敞开自己的心灵感受、接纳周围的世界；相反，一个时时忍受不公正的孩子，会失去对人的信任，会变得无所谓，毫无正义感，他的心灵会变得迟钝和凶狠。

苏霍姆林斯基强调教师公正的重要性，认为不公正会在儿童的心里引起怨恨。他讲到了男孩科里亚的故事。科里亚的班主任采取"强有力"的手段，将其喊到黑板前面，强迫他讲一讲他为什么不好好学习。科里亚脸色苍白地站在那里，一言不发。其实老师不知道，就在前一天的晚上，

---

① 苏霍姆林斯基. 公民的诞生[M]. 黄之瑞，等译. 北京：教育科学出版社，2002：335.

科里亚的父母发生了激烈的争吵，严重影响了科里亚的睡眠和心情。由于老师不了解科里亚的痛苦，同时缺乏足够的洞察力和同情心，他的批评就等于在科里亚的心里撒了一把盐，增加了新的伤害。对科里亚而言，这样的批评当然毫无公正可言，也起不到任何好的作用。

大量的事实表明，教师的不公正行为对孩子造成的伤害是十分深刻的。有一位教师朋友曾对我提起过她小时候的一段经历，我认为可以证明这一点。那时她上小学三年级，由于她很聪明又很努力，所以成绩十分优异。班主任是位数学老师，他的侄子也在这个班里。虽然班主任侄子的学习成绩一般，各方面表现平平，但似乎他总能享受到别的同学不能享受到的待遇：出操时他担任旗手，运动会上他担任小广播员，学校的黑板报他担任主编，学校少先队他第一批入队，还担任大队长……，而她似乎就不那么招老师喜欢。她虽然年龄还小，但还是隐隐感觉到班主任对她十分冷淡。后来，她听见母亲悄悄叹气，从父母的交谈中她才似乎终于明白：原来在十几年前，自己家和班主任家曾经因为宅基地的问题闹过一场纠纷……。虽然没办法转学，但因为她成绩很好，所以父母也就没有为她升学的事担忧。但后来接二连三发生的事情却让她终于再也无法忍受了，哭着喊着一定要转学。一次期末考试结束之后，班主任公布每个学生的考试成绩。可奇怪的是，班主任只公布每个学生的分数和名次，却不发试卷。当班主任念到第一名是自己的侄子时，她就感觉不对劲——第一名应该是她才对，因为她敢肯定自己是满分，而老师的侄子是不可能得满分的，他考试结束后还吵着自己错了好几道题呢……。直到念到第五名的时候，她终于听到了自己的名字。"老师在撒谎……，太不公平了……"那一刻，她心里充满了委屈。

如果这件事因为老师不发试卷而无从查对的话，那么后来发生的一件事在她看来就是明目张胆的不公正了。学校要求每个班评一名"学习标兵"，只有各方面表现最好的学生才能评上。班主任就把包括她和自己侄子在内的 5 名学生作为候选人，让学生通过无记名投票的形式在这 5

名学生中评出一名"学习标兵"，谁的票数最多谁当选。在投票之前，老师开始"动员"：要把在各方面均表现突出的学生选出来，比如出黑板报、在少先队为同学服务……。老师的一番话倾向性十分明显。很快，投票结果出来了，她的票数最多，老师的侄子比她少两票，那一刻她高兴极了。可这时老师话题一转："刚才是第一次投票，现在进行第二次投票，两个同学都有优点，但这次投票要特别看重各方面的表现，看重各种能力……"最后，她终于以一票之差落败，老师的侄子成了"学习标兵"。她回到家后，趴在床上大哭，她感到从来没有过的委屈和怨恨……

多年之后，她向我说起小时候的这段经历时，还十分感慨：也许在教师本人看来自己的不公正行为并没有那么严重，他以为孩子的心智还不能"看穿"教师的用意，但实际上，孩子的心是十分敏感的，他们也许还不能明确分析其中的真相，但那种不公正的感觉却是明晰的，而且其造成的伤害可能会让他们铭记终生。

正因为认识到公正在教师工作中的重要性，苏霍姆林斯基十分重视在点点滴滴之中让孩子们感受到公正，感受到公正的胜利。一年级女生迈娅跑来告诉苏霍姆林斯基，小男孩维佳在用棍子乱打花枝。望着迈娅愤怒而急切的神色，苏霍姆林斯基知道，迈娅是希望从他的眼睛里看到愤怒之火。于是他马上对维佳的过错表示愤怒，和迈娅一起来到维佳面前，制止了他的行为。当我们一边微笑着读这样的故事，一边思考这个故事背后的教育意义时，我们就会发现，苏霍姆林斯基希望让迈娅看到善良与公正的胜利，让她感到自己参与并赢得了这种胜利。苏霍姆林斯基觉得这种体验是非常重要的，它可以帮助孩子逐渐树立面对不公正毫不妥协的态度。因此，他这样表示："让孩子们在童年时代成千上万次感受到公正的胜利吧。"

在苏霍姆林斯基看来，教育中还有另外一种不公正的表现，那就是对无所事事、懒惰和任性采取放纵的态度。同时，他还指出，教师的公正还表现在对孩子的学习评价上。他提醒教师，孩子们会把一个不及格的分数看成一场灾难及教师不公正的表现。对孩子学习的评价不应只看结果，而应该看孩子努力的程度，这一点是非常重要的。根据孩子努力的程度给出评价能让孩子看到教师的公正，因为对一个学习有困难的孩子而言，如果教师不看他是否努力了，就给他一个不及格的分数，就是一种不公正。

　　每一位教师都应该反思：面对那些正处在成长阶段的敏感的心灵，我做到最基本的公正了吗？

用学生的眼光看世界

　　一个从帕夫雷什中学毕业的学生，后来当了农艺师，他交给苏霍姆林斯基一个本子，那里面记录了他在少年时代观察到的老师身上的优点和缺点，以及他对自己的一些认识。对苏霍姆林斯基来说，那是一部极其珍贵的文献，它让苏霍姆林斯基看到了一个少年眼中的世界，那个世界令苏霍姆林斯基感到无比惊奇：在少年眼中，每个教师身上的缺点并不比少年本人少，而某些教师身上的缺点甚至远远多于他们的优点。这个记录本引起苏霍姆林斯基的深思，他再一次认识到，孩子是用自己的眼光看待世界的，对这个世界上发生的一切，以及每一个出现在他生活中的人，他都有一套属于自己的判断标准。

　　自那以后，苏霍姆林斯基开始站在少年的角度看待世界，思考问题。为了研究少年观察世界与成人观察世界有什么不同，他决定开始做一种记录，把自己的教育观察记在单独的本子里，其中有专门的一部分《我用少年的眼光观察事物》。他力图使自己处于学生的地位，用学生的眼光分析、评估自己作为一个教师的行动。有趣的是，苏霍姆林斯基的观察令自己大吃一惊：他在自己身上发现了大量的缺点，竟比自己想到的多100倍！在孩子的眼中，自己那些习以为常的行为，那些自以为是的做法，是多么不可理喻，多么令人失望，甚至多么令人怒不可遏呀！比如，如果一个教师经常督促学生讲究个人卫生，自己却常常穿着满是灰尘的鞋子走进教室；如果一个教师常常宣扬读书的好处，而学生却从来没在他的办公桌上看到任何一本书；如果一个教师嘱咐学生参加体育锻炼，而当学生做操时他却站在一边一动不动……，学生就会在心里对老师产生反感和怀疑，他会觉得老师以往的那些要求只不过是说说而已，他甚至会在心里讥笑老师言行不一、虚伪两面……

有一位青年教师，做小学三年级的班主任，她写了不少教育随笔，其中谈到做班主任的苦恼和艰辛。尤其令她忧虑的是，她的班上总有几个孩子写不完作业，还有几个男生总喜欢欺负女生，她觉得有点"镇不住"他们，班里事故不断，常常令她焦头烂额。除了看她的一些常规工作思路，我更想看她写的一些细节。我总觉得在细节中可以看到问题的根源和实质，从而找到解决问题的办法。

她谈到了那些写不完作业的学生的基本情况，特别是谈到了对那些学生的"处理"方法。每次那几个孩子没写完作业，她都会让他们尽快在课下把作业补上，可是有时昨天的作业还没补完，今天的作业又布置下来了，他们更写不完了。有几次她忙于别的事情，就把那几个孩子补作业的事情给忘了，结果自然是作业越积越多，到了后来，那几个孩子索性不肯写了。她也尝试着与家长沟通，没想到有的家长竟然不理解她，似乎还埋怨她给孩子的负担太重……。后来，她想到了一个办法，告诉那几个孩子，如果不能把作业补完就不让他们去参加体育活动——她知道那几个孩子是体育场上的活跃分子。结果她发现那几个被迫留下来补作业的孩子竟然在教室里打打闹闹，有一回还把课桌椅弄翻了，把同学的水杯摔碎了，教室里一片狼藉……

当我尝试着站在那几个学生的角度去思考问题时，我渐渐理出了一些头绪。最初，因为种种原因，那几个孩子没有写完作业，老师令他们在课下补上。但后来作业越积越多，老师有时又因为其他原因把他们补作业的事情忘记了，他们就会觉得反正作业越来越多，似乎永远写不完，不如混一天是一天，更何况老师有时候会忘记，反正总能过关的；后来，老师为了让他们补作业不允许他们去参加体育活动，他们的心里就会把补作业当成一种惩罚，从而对补作业产生厌烦，对惩罚他们的老师产生怨恨。既然可以通过不参加体育活动来避免写作业，学生在心里就会认为自己已经为此付出了代价，已经接受了惩罚，那么他就不必再为自己的懒惰感到愧疚了……，但不能去参加体育活动毕竟是一件令人懊恼的事情，怎么排遣心中的这种郁闷甚至是愤恨呢？于是他们打打闹闹，把课桌椅弄翻，把同学的水杯摔碎，就不再是让人奇怪的事情了。

应该说，这位班主任遇到的问题几乎是每一位班主任都会遇到的。当我们站在学生的角度去看待教育工作中这些极其琐碎的事情时，我们就可以看到，教师的行为会在学生的精神世界留下印象，教师的语言会在学生的心灵深处激起回响，我们要审慎地看待作为教师的自己，要反思那些我们认为理所当然的行为，从而找到解决问题的路径。

在我看来，这位青年教师马上要解决的问题不是督促那几个孩子完成作业，而是重新建立她在孩子们心目中的形象。"新形象"的塑造要有这样的基础：站在孩子的角度去"塑造"自己，也就是站在孩子的立场去思考问题。比如，不管是否能够按时完成作业，都让那几个孩子正常地参加体育活动，同时与那几个孩子建立一个约定：如果能够按时完成作业，不但正常的体育活动可以参加，而且在保证自己学习不退步的情况下，作业还可以比别的同学适当减少。当然，在实施这些措施的过程中，教师需要运用一些技巧，需要掌握时机和火候，不能生搬硬套，而且还要根据实际情况探索有没有更好的措施。我们不妨还是站在学生的角度去思考这些措施的可行性：无论是否完成作业，都让学生正常参加体育活动，这样，学生就不会把写作业与参加体育活动对立起来，就不至于把写作业当成一种惩罚，这就避免了教师的行为招致学生的反感；又因为教师与学生建立了一个约定——在保证自己学习不退步的情况下，作业还可以比别的同学适当减少，这种弹性机制就成为激励学生向好的方面转化的诱因；学生喜欢的体育活动可以正常参加，这就奠定了师生之间基本的"友谊"基础，学生会觉得老师还信任他，而且希望他变得更好。也许有些教师会问，如果他们学习退步了怎么办呢？如果作业减少了，可他们依然不完成怎么办呢？的确，教育现象是如此复杂，对人的教育是如此复杂，我们决不能简单化，不能奢望一劳永逸，也不能指望某种方法放之四海而皆准。在很多情况下，一个学生之所以那么难教育，是因为有许多非常复杂的因素纠结在一起，教师需要具备综合分析、评估这些因素的能力，具备高度的责任感和决不放弃的耐心，以及敏锐的洞察力和对学生心灵世界的全面把握与理解。

苏霍姆林斯基非常喜欢给孩子们朗读童话故事。其实，苏霍姆林斯基之所以对童话如此热衷，一方面是因为他注重引导孩子在童话中认识世界，培育善良的情感，树立良好的道德信仰，另一方面则是因为他知道孩子是以自己的方式认识世界的，而对孩子来说，没有比童话更好的认识世界的媒介了。有人提出：童话里面的故事、说法都不是真实的，不真实的说法和故事对孩子会有真正的教育意义吗？针对这一说法，苏霍姆林斯基讲了自己的女儿奥利亚的故事：一位教师在讲完了白云和风的童话后，告诉孩子们，这样的事是没有的，白云不会像童话里说的那样有翅膀，风也不会抚爱白云，早晨的雾是灰色的，只不过是尘土沾上了水珠，令人讨厌……。听了老师的解释，孩子们眼里的火花消失了，小女孩奥利亚哭了。苏霍姆林斯基认为，童话好比是一面魔镜，教师这样做无疑剥夺了孩子们观察这面魔镜所反映出来的世界的幸福。诚然，这个世界有其固有的客观规律，但儿童是按照自己的方式来认识世界、认识周围的人的，他们的思想往往可以凭借童话的翅膀飞向真理的世界，那个世界不仅是真实的，而且是丰富多彩的。在孩子的眼里，一只小虫会说话，一片树叶会有思想，一个蚂蚁的巢穴就是一个完整而神秘的世界。当我们站在孩子的角度去认识世界时，我们就会在教育孩子的很多问题上，避免走一些弯路，减少一些过失。

其实，用学生的眼光看世界，说到底就是一种理解，一种人性的宽容，更是教育者发自内心的善意与慈悲。

为童心筑上护栏

有一个家长含着眼泪告诉我一件事：她 9 岁的儿子是一个学习很差又很不听话的孩子。这个男孩上课不专心，课文读得结结巴巴，每次听写生字词语都会出现很多错别字。她为他费尽了脑筋，按照班主任的说法，他每次考试都严重拖了班里的后腿。期末复习期间，他照常打打闹闹。老师气急了，听写生字词语时，就把他叫到黑板前面，让他在黑板上写，结果可想而知。面对满黑板的叉叉，面对全班同学的目光，儿子终于低下了头，眼里涌出了泪水……。班主任却在班里对其他孩子说："这下他终于知道差耻了……"

我难以忘记这位妈妈眼里绝望的泪水，也难以忘记她眼里的气愤与不平。的确，一个"难教的孩子"会给家长和教师带来多少麻烦和痛苦哇！但我们有没有想过，当这个"难教的孩子"发现自己总是落后于班里其他孩子，总是被老师批评拖了班里的后腿，总是在班里处于一种被差辱、被公开"亮相"的境地时，他会是一种什么心情？我们是否该设身处地想一想，在那颗幼小的心中，究竟发生了什么？我们又该怎么帮助他、保护他呢？

苏霍姆林斯基选择的是为孩子的心灵筑起一道护栏。不论面对什么样的孩子，苏霍姆林斯基都坚决地站在孩子一边。我难以忘记苏霍姆林斯基讲的一件事。

"米佳的爸爸坐牢啦！"静悄悄的图画课上，同学们正在画画，帕夫利克把这件事当作重大新闻大声告诉了同学们。米佳的父亲犯罪进了监狱，米佳的同学帕夫利克跟他是邻居，昨晚帕夫利克从妈妈那里知道了米佳父亲进监狱的事情。听了帕夫利克的话，全班同学都惊讶地看向米佳，指指点点，窃窃私语。刹那间，米佳的脸变得通红，手在发抖。

这时候，苏霍姆林斯基站了出来。他告诉孩子们，这根本没什么好奇怪的，米佳的爸爸是玻璃安装工，监狱里有玻璃被打破了，他是去监狱安装玻璃的，而且那里的玻璃特别多，一时半会儿安装不完……

孩子们重新开始画画了，米佳的眼里闪现出感激的泪光……

读这样的故事，我的眼里也涌上了泪水。在一个孩子最无助、最恐惧的时刻，在他的心即将碎裂的那一刻，一双慈爱的大手伸向了他。为人之师，具备这种仁慈和敏锐是多么重要哇！

苏霍姆林斯基正是怀着对孩子的这份仁慈之心，带着这种敏锐的洞察力，把保护孩子免受苦难的煎熬看作自己的重要使命。他认为教育必须保护孩子们心灵中巨大的、无可比拟的精神财富——欢乐和幸福。一旦孩子遭遇了不幸，作为教师，我们就应当记住：我们面前的是孩子，我们首先应让他平静、安宁，帮他解除痛苦、不安和忧虑，然后给孩子带来生活的欢乐。在任何时候都不要忘记，我们面对的是儿童极易受到伤害的、极其脆弱的心灵。学校里的学习不是毫无热情地把知识从一个头脑装进另一个头脑，而是师生之间每时每刻都在进行的心灵接触。教育首先是关怀备至、深思熟虑、小心翼翼地去触及年轻的心灵。面对那些犯了错误或者出现了各种问题的孩子，他主张：

> 孩子的毛病，要让知道的人尽可能少些，要让集体甚至一无所知，这只会有好处。要知道，我们与之打交道的是儿童的心，而这是最微妙和最敏感的方寸之地，接触它时应当分外细心和谨慎、慈爱和善良。[1]

---

[1] 苏霍姆林斯基. 休怕成为慈爱的人[M]. 刘伦振，译//蔡汀，等. 苏霍姆林斯基选集：第5卷. 北京：教育科学出版社，2001：519.

是的，假如孩子有缺点、有毛病，犯了各种错误，教师不要急于把这些公之于众，而是应该尽可能保守这个秘密，不让孩子成为众人眼中讽刺的靶子和嘲笑的对象。在有些教师看来，把孩子的错误、缺点、毛病公之于众，是为了运用集体的力量对他施加教育，但是正如苏霍姆林斯基所说，当一个人的缺点、毛病被公之于众的时候，他的心灵就受到了无可弥补的伤害，再多的说教与看似关心的话语，对他来说几乎都成了一种讽刺。

我曾经读到一位班主任撰写的教育随笔，写随笔的刘老师是一位小学三年级的班主任。她的随笔中提到下面一件事。

班里的女孩芳芳从家里带来一套彩笔，笔头上雕刻着可爱的卡通动物，这是她爸爸出国时从国外机场带回来的纪念品。班里的孩子们围着看了半天，叽叽喳喳地谈论着，都很喜欢这套彩笔。可下午放学时，芳芳却哭着来找刘老师：彩笔不见了。刘老师请她再找找，她摇摇头，说全都找过了。刘老师意识到，一定是有人拿了彩笔，应该趁现在还没放学，把彩笔找出来，不然，明天再调查就难了。她没多想，赶紧回到教室，把芳芳丢失彩笔的事情告诉了大家。孩子们面面相觑，都在窃窃私语。刘老师环视了一遍，又说："老师相信芳芳的彩笔不是同学有意拿的，可能只是有的同学想仔细看看而已，谁还想仔细看看现在就拿出来看好了，老师相信这绝不是故意的……"刘老师希望这样的说法能给拿了彩笔的学生一个台阶下。

教室里鸦雀无声，没有人把彩笔拿出来。刘老师有点生气了，她说："难道彩笔生了翅膀？再不拿出来就要翻书包了！"

还是无人应答。刘老师就让同桌互相监督，把书包里的东西全部倒出来，结果还是一无所获。事已至此，刘老师没有别的办法，"调查"只能暂时告一段落。

可是当天晚上，刘老师却接到了松松妈妈的电话。松松妈妈支支吾吾地告诉老师，她发现了儿子衣服口袋里的彩笔。儿子已经向她承认了错误，她气死了，坚决要求儿子改正这个错误，把彩笔还给人家，但她请求老师不要把儿子拿彩笔的事告诉班里的学生……

刘老师答应了松松妈妈的请求。其实，她已经对自己白天的做法感到后悔了：如果在某一个孩子的书包里当场翻出了彩笔，那就等于当众"揭穿"了这个孩子的"真面目"。凭着多年的经验，她知道以后对这个孩子的教育将变得非常棘手。当初为什么会有让孩子翻同桌书包的想法呢？真是气昏了头……

放下电话，刘老师又感到十分纳闷：当初已经给过松松机会了呀，为什么他当时不肯承认呢？虽然答应了松松妈妈，但彩笔毕竟是要还给芳芳的，该怎么还给她呢？怎么把这件事向芳芳解释清楚，又不至于让班里其他孩子知道彩笔是松松拿的呢？

第二天，刘老师把松松叫到了办公室，问他："昨天你不肯承认，是不是不好意思说呀？"

松松红着脸轻轻点头，眼泪流了下来。

刘老师拍拍松松的头："在别人没允许的情况下，拿别人的东西，哪怕只是看看，也很容易被人误会的。你说是吗？"

松松使劲点点头。

刘老师接着说："放心吧，这件事交给老师，以后可不要这样做了。"

松松赶紧点头。

松松走后，刘老师把芳芳找来，告诉她彩笔找到了。原来是昨天集体打扫卫生的时候，老师帮同学收拾课桌，就随手把芳芳的彩笔和毽子一起放到了教室后面的储物柜里，因为太忙就把这件事给忘了，现在老师想起来了……

重新拿到彩笔，芳芳开心地跑了。刘老师来到教室，把刚才对芳芳说的话又说了一遍，并就自己让同学翻同桌的书包这件事道了歉。自始至终，她没有朝松松看一眼，她希望这件事尽快过去……

刘老师的做法令我十分感动。虽然她在处理问题的过程中有一些不妥之处，但最后事情的结果还是令人满意的。尤其是刘老师最后的"谎言"，在我看来，这就是一个真正的教师必然采取的做法。对于松松来说，这是一种善意的保护，是一个教师本着一颗仁慈之心对孩子心灵的保护和帮助。

有趣的是，我在苏霍姆林斯基的著作中也看到了类似的例子。面对一个无意中犯了错误的孩子，苏霍姆林斯基采取的同样是"隐瞒"的做法——他通过善意的谎言，帮助一个拿了别人东西的孩子顺利地渡过了难关，使他免于在众人面前丢脸，从而保护了那颗敏感而脆弱的童心。而那个孩子，也深切感受到了老师的善意和苦心，他通过加倍的努力和与人为善的表现回报了老师。

在研读这些案例的过程中，我也与大多数教师一样，心中不免有个疑问：面对犯错的孩子，教师这样的做法诚然保护了孩子的心灵，但不会因此纵容孩子吗？

在苏霍姆林斯基的做法中，我发现了很重要的一点，那就是：苏霍姆林斯基一方面注重保护孩子的心灵不受伤害，另一方面他对犯了错误的孩子并不会姑息迁就，他极善于引导孩子通过具体的行动去弥补过失，让他们感到自己是有力量克服一切困难的。如果说对犯了错误的孩子进行批评教育是每一个教师都能够做到的第一步，那么苏霍姆林斯基在这个基础上又迈出了第二步。这第二步是至关重要的一步，因为这一步不仅使孩子认识到"这一次"的错误，而且通过具体的行动战胜了内心深处的自私和懦弱。比如，对一个曾经偷窃的孩子，他不仅教育孩子要想办法返还偷来的东西，更重要的是让孩子通过自身的努力向他人奉献自己的劳动成果，从中感受奉献的快乐和幸福，从根本上杜绝偷盗等类似现象的再次发生。

苏霍姆林斯基介绍了对一个曾有多次偷窃行为的孩子维佳的教育过程。有一次，维佳又偷了别人的冰鞋，教师发现后不仅让维佳悄悄返还了冰鞋，还让维佳参加学校的滑雪比赛。维佳在比赛中名列前茅，得到了奖品——一副崭新的冰鞋。教师又让维佳与比自己年龄小的男孩一起滑雪，当维佳发现小男孩十分喜欢那副冰鞋时，维佳主动提议：两人平分冰鞋，一人一只。小男孩十分高兴，维佳却有点后悔了，但送出去的东西是不好意思要回来的。正当他为自己刚才的冲动感到后悔时，老师走过来，劝他把另一只冰鞋也送给那个小男孩。尽管维佳伤心得大哭起来，但老师却装作没看见似的。老师希望维佳能战胜自己，学会与别人分享美好的东西，而不是据为己有。同时，老师也帮助维佳培养新的兴趣，使他以后再与小男孩一起滑雪的时候，看到冰鞋就不至于那么难受了。老师还教育维佳用暑期劳动挣来的钱去买书、衣服和玩具，不仅自己用，也送给那个小男孩。从那以后，维佳再也没有偷过东西。我想，这是一种真正的教育艺术。教师不仅帮助孩子改掉了"这一次"，而且在孩子的精神世界中树立了美好的信念：用自己的劳动去获得想要的东西；不应该将美好的东西据为己有，与别人分享会得到更大的快乐和幸福。

对那些"难教的孩子"，苏霍姆林斯基总是设法不让他们知道自己比别人差，他通过各种方式帮助他们找到可以获得成功的领域；他从来不给孩子打不及格的分数，因为他知道，不及格的分数对孩子来说就是一场灾难，他帮助他们取得成功，然后再给他们打分。他希望这些做法能够保护那一颗颗娇嫩的心，他用巨大的爱心与持之以恒的努力，为孩子们的童心筑起了一道坚实的护栏。

给孩子们的童心筑一道护栏吧，这不仅是爱心的表现，更是教师的责任。

第三辑

让家长
也懂教育

苏霍姆林斯基

父亲、母亲、教师的真正教
育才智，就在于妥善地给孩
子创造幸福。童年的幸福，
如同提供温暖和食物的炉灶
之火，当然要有。然而，亲
爱的父母亲，这炉火的热度
有赖于您如何管理。

让家长也懂教育

有时听到一些家长抱怨学校老师不负责任，抱怨学校老师教育教学水平不高，把孩子成长中遇到的一些困难一股脑儿地推给学校和老师，我总是心情很沉重。在这些家长的意识里，把孩子送进学校就万事大吉了，孩子的教育就是学校和老师的事情了，却严重忽视了家庭教育在儿童成长中的重要作用。前几年在教育界流传甚广，即便是现在依然有一定市场的"没有教不好的学生，只有不会教的老师"这一说法，就是这种思想的体现。针对这种把学生教育完全推给老师和学校的说法，前几年我曾专门撰文做过剖析，不得不说，这是严重缺乏教育学常识的表现。其实，家庭教育在儿童的成长中起着不可替代的作用，或者说儿童的成长在很大程度上取决于他来自一个什么样的家庭，有着怎样的父母。作为教师，我们不得不承认，许多在各方面表现比较优秀的孩子，对他们的教育常常是省力省心的，因为这些孩子大多来自具有良好教养的家庭。相反，那些让人操心费力的孩子，大多来自严重缺乏关爱与良好知识素养的家庭。可以说，家庭教育或者说家长素质在儿童的成长中，尤其是在儿童成长早期，起着关键性的作用。这也是我们现在常说的原生家庭在一个人成长过程中有着重要影响。

我多么向往这样的情景：在苏霍姆林斯基的藏书室里，一群教师、学生、家长都到这里来借书，他们正在与苏霍姆林斯基亲切地交谈。他们谈对孩子的教育，谈家庭生活对孩子的影响，也谈一些有趣的生活故事。作为一个伟大的教育家，苏霍姆林斯基凭借自己对教育高度的洞察力和对儿童成长规律的深切理解，看到了家庭教育、社会教育在儿童成长中的重要性。他十分重视将学校教育和家庭教育结合起来，重视社会教育对儿童成长的重要影响，并提出了十分精辟的见解：

> 教育现象的相互联系在我们今天是变得更加复杂了：生活向学校提出的任务是如此复杂，以致如果没有整个社会首先是家庭的高度的教育学素养，那么不管教师作出多大的努力，都收不到完满的效果。学校里的一切问题都会在家庭里折射地反映出来；学校的复杂的教育过程中产生的一切困难的根源都可以追溯到家庭。[①]

在这里，苏霍姆林斯基强调了社会、家庭对学生的重要影响，尤其是家庭教育。苏霍姆林斯基认为一个人能否全面发展，取决于父亲和母亲是怎样的人，取决于儿童从父母的榜样中怎样认识人与人的关系和社会环境。换句话说，父母是怎样的人，儿童就是怎样的人；父母有着怎样的人际关系，儿童也会以之为榜样。网上曾有一则报道令我大跌眼镜：郑州的一个家长从老师那里得知，正读四年级的儿子竟然花钱雇人写作业。他十分恼火，便批评儿子："作业也是可以花钱雇人代写的吗？"儿子却十分委屈，说自己至少三次听见爸爸打电话找同事帮忙代写工作笔记，他觉得爸爸能这样，他为啥不能这样？这个家长哑口无言……。苏霍姆林斯基还曾提到少年柯利亚偷盗的例子：柯利亚是一个大家公认的文明少年，有一天他却做出了令人吃惊的偷盗行为，原来他的父亲每天都从单位偷东西回来……

我们在那个花钱雇人代写作业的孩子和柯利亚身上，可以清楚地看到家庭教育给孩子造成的重要影响。每一个家长都爱孩子，这是毋庸置

---

① 苏霍姆林斯基. 给教师的建议[M]. 杜殿坤，译. 北京：教育科学出版社，1984：377.

疑的，但这并不意味着每一个家长都懂教育。苏霍姆林斯基发现，造成儿童发展上的偏差最有害的因素，就是家庭智力生活的局限性和贫乏性。不健康的、经常发生冲突的家庭关系，正是儿童智力落后的原因之一。现实生活中大量的案例表明，由于家长不懂教育，缺乏必要的教育常识，致使学校教育面临很多困难。教师一定要让每一个家长都懂教育！

基于这样的认识，苏霍姆林斯基采取了一系列卓有成效的举措。比如，开办家长学校，把家长、英雄人物和劳动模范等请进校园，对孩子们实施各种形式的教育。在孩子们入学两年之后，家长们就报名参加家长学校，学校按照孩子的年龄将家长划分成五个组：学前组，一二年级组，三四年级组，五六七年级组，八九十年级组。每组每月组织两次活动，集中到学校听课。在帕夫雷什中学1970—1971年的学年工作计划中，我们可以看到家长学校一些非常详细的谈话题目。这些题目都由苏霍姆林斯基、帕夫雷什中学的教导主任和最有经验的教师担任主讲。当我逐个阅读这些题目的时候，我发现这是一门庞大而精细的课程，内容涵盖面广，题目设置针对性、科学性强，令人叹服。我们姑且看看五六七年级组家长学校中的部分谈话题目：

1.少年的解剖生理和心理的发展。2.性教育。性教育和道德教育的统一。3.少年的行为和道德意识。4.少年的劳动教育，他们的劳动的道德意义。5.少年教育中的善良、爱抚、鼓励、严格要求、坚定性、对愿望的限制。6.少年的人道精神的培养……①

这些家长学校的谈话题目涵盖了五六七年级学生的身心发展的方方面面，全面地向家长介绍了应该具备的教育规律和常识。帕夫雷什中学

---

① 苏霍姆林斯基.给教师的建议[M].杜殿坤，译.北京：教育科学出版社，1984：401.

的学生是有福的，帕夫雷什中学的学生家长也是有福的！

据我所知，我们很多学校虽然也按照上级部门的要求开办了家长学校，但其办学效果却大多不尽如人意。其中的原因固然是多方面的，但总体来看还是由于学校没有把家长学校作为教育学生的主要阵地和重要同盟。许多学校开办的家长学校流于形式，成了应付相关检查而虚设的机构；有的家长学校长时间不开展活动，致使家长学校名存实亡；有的家长学校虽然每学期开办一两次活动，但内容宽泛，缺乏针对性，对家长来说并不实用。没有家长学校的参与，学校教育与家庭教育相脱节，两个教育者——学校和家庭就不能一致行动，不能向儿童提出同样的期望，所以很多时候，教师不理解家长，家长不理解教师，这种彼此间的隔膜造成了许多问题，一些针对孩子教育的争端就这样产生了。如果教师和家长能够志同道合，从同样的原则出发，在教育的目的、过程、手段上都能够始终保持一致，对孩子的教育就会呈现出完全不一样的面貌。

事实上，不光是苏霍姆林斯基提供的大量的教育案例证明了这一点，许多优秀班主任的教育经验也说明了家庭教育在学生教育中的重要影响。

金老师是一位有着12年教龄的小学班主任，她曾向我讲述了一个使班里一个非常懒惰、总是撒谎的孩子最终改掉坏毛病，并养成良好习惯的故事。这个名叫赵方的孩子几乎令每一个任课教师都感到头痛，他不仅经常不完成作业，而且总是撒谎，为自己的懒惰找各种借口。比如，他会说昨晚生病了所以没完成作业，昨天明明写完了可现在怎么也找不到了，昨天放学时忘了把作业记下来……。总之，他很少能按时完成作业。有一次，赵方又没写作业，金老师询问缘由，赵方告诉她是因为昨天爷爷在医院去世了，所以没来得及写，而且他必须马上请假回家。金老师听了就赶紧让赵方收拾书包回家了，然后她继续上课。等两节课上完后，金老师就给赵方父亲打了电话，询问赵方是否已经到家。电话那头，赵方的父亲十分惊讶，询问赵方请假原因。金老师愣住了，不是他爷爷刚刚去世吗？赵方父亲说："这是哪里的话呀，他爷爷在老家好好的呢！"金老师惊呆了，她马上意识到，这是赵方为自己不写作业找的借口。为了不写作业，赵方竟然撒这样的谎，真是令人啼笑皆非。放下电话，金老师和愤怒的赵方父母一起出去寻找赵方，筋疲力尽之后，终于在街头的一家网吧找到了他……

在金老师看来，光是不写作业还不是最可气的，她最不能容忍的是赵方为此撒谎，而且已经到了不能再姑息容忍的地步。赵方喜欢撒谎，除了不想写作业外，还有没有其他原因呢？金老师回想起了教育赵方时的一个细节：有一回赵方没有默写英语单词，他的理由是父母没时间给他听写。金老师打电话询问赵方父亲，赵方父亲说："昨晚明明是我给他听写的啊，可能是找不到了吧！"金老师有点糊涂了，赵方和父亲的说法不一样，但一定有一方在撒谎……。金老师决定与赵方父母好好谈一谈。

金老师找到赵方母亲进行了一番深入的谈话。也许是金老师真诚的态度打动了赵方母亲，她眼圈红红地告诉金老师，她没有什么文化，在学习上帮不到赵方，而赵方父亲常常撒谎，找理由不回家，实际上他的心早已经不在这个家里了……

金老师渐渐明白了，赵方目前的情况与家庭环境有着密切关系：父母关系的恶化，父亲的责任感缺失，母亲的容忍与柔弱，都使他处在一种不安与隐隐的恐惧之中。赵方的问题是家庭教育缺失的问题，家庭环境非但没有对他起到好的作用，反而是造成他目前这种情况的重要根源。

虽然不能解决赵方父母之间的矛盾，但金老师觉得还是可以从赵方母亲这一方出发做些什么。金老师向赵方母亲提议：建立一本特殊的联系册，金老师负责每天帮赵方把作业记好，家长每天监督并检查赵方完成作业的情况，有什么问题就在联系册上写下来，做到教师和家长常常沟通，并且这样的沟通要让赵方看到。让赵方看到是本着实事求是的态度，教师写给家长的留言和家长写给教师的留言都没有瞒着赵方，这就使他建立了一种对教师和家长的信任感，而这种信任对他来说十分重要，因为这是帮助他克服撒谎、懒惰的一个重要基础。

取得家长的支持之后，再加上这些比较能够落实的"监控"措施，赵方开始能够按时完成作业了，虽然他在其他方面的进步还不是非常明显，但金老师坚信，这是一个良好的开端。

金老师的故事使我想起了帕夫雷什中学的低年级女教师 M.H. 维尔霍汶尼娜所从事的创造性的工作。M.H. 维尔霍汶尼娜也是一位十分善于通过与家长沟通对学生实施教育的教师。她与儿童家庭和儿童建立了广泛的联系，通过观察、对比研究，得出儿童的智力发展依赖于家庭的文化修养的结论，她不仅在一年级新生入学前就召集家长们谈话，还带领自己未来的学生到田野中去开阔眼界、发展思维。家长们也欣然接受她的建议，建立了家庭藏书室，为孩子们即将面临的小学教育打下基础。M.H. 维尔霍汶尼娜的做法反映出她具备深厚的教育素养，当她意识到家庭教育环境会对孩子产生重要影响时，就把家长变成自己教育工作的重要同盟，使孩子们在学龄前就开始接受良好的家庭教育。不论是金老师，还是 M.H. 维尔霍汶尼娜，从她们的教育案例中，我们都可以发现正是由于取得了家长的支持和理解，学校教育才不再是孤军奋战，而是与家庭教育形成了一种合力。也只有在这种情况下，教师的工作才能取得完满的效果。

> 我的坚定信念是，教育学应当成为众人的科学——不论是教师还是家长。[1]

这是苏霍姆林斯基的信念，也应该是每一个教师和家长的共同信念。

---

[1] 苏霍姆林斯基. 帕夫雷什中学[M]. 赵玮，等译. 北京：教育科学出版社，1983：14.

作为教师，我们理所当然是实施教育的主体；作为家长，当您把孩子送进学校，交到老师手中后，您也并非可以完全放松下来，您肩上的担子和教师一样沉重。

我们一起往前走，拉着我们的孩子。

怎样与家长沟通

　　我的一位朋友是一家公司的部门经理，他的儿子正在上小学三年级。有一次他找到我，对我说起他儿子的事情。说着说着，这个男子汉的眼睛竟然红了。他说，儿子还算聪明，但成绩一般，并且十分淘气，他常被班主任请到学校谈话。他告诉我，他就怕接儿子班主任的电话，因为一接电话，必定会听到儿子表现不好的消息——如果只是电话里说说还好，他最怕的就是被班主任请去学校，当着办公室里其他老师的面谈论儿子的情况。那一刻，听着班主任的数落，他觉得无地自容，恨不得找个地缝钻进去……

　　我觉得有点夸张，就问他具体情况。他很不好意思地告诉我一件事：儿子课下擦窗户时，跟旁边的同学打打闹闹，把窗户玻璃给打碎了，班级被学校扣了分，这样他儿子就成了"损坏公物"的学生，因为班里有这样的学生，这学期的优秀班集体评选也就泡了汤。碰巧，儿子近期又有好几次没完成家庭作业，班主任十分懊恼，就打电话叫家长到学校来一趟。孩子的妈妈脸皮薄，每次都是他出马，这次也不例外。没办法，他只好从单位请假到学校。班主任一见到他，就开始当着儿子的面数落儿子的不是：学习不努力，故意毁坏公物，不团结同学，给班级抹黑……。旁边的老师也帮着班主任说话，儿子低着头不说话。起初，他还忙不迭地道歉，但听到后来，他就不停地冒汗了……

　　最后出门时，班主任告诉他，希望家长重视，与学校配合加强对孩子的教育……。他满脸通红、满头大汗地点点头，逃跑似的离开了学校。

在回公司的车上，从未有过的挫败感淹没了他，他觉得今天颜面丢尽，羞辱和绝望折磨着他。他近乎自嘲地告诉我，在公司里，他是掌管着一个部门的负责人；可在学校老师面前，他被训得像个孙子……。当天晚上，他就把儿子结结实实地揍了一顿……

我完全可以理解这个家长当时的心情，也完全可以想象那位老师当时的焦虑。教师，尤其是班主任经常会把家长请到学校来，希望能够取得家长的配合，应该说这也是家校联系的一种方式。况且，孩子的教育也的确不是学校或家庭单方面的事情，两者必须很好地配合，甚至还要顾及社会上某些因素的影响。但我不赞成班主任动不动就把家长请到学校里来，因为教师与家长的交流是一项十分敏感、细腻的工作，如果掌握不好时机和谈话方式、谈话内容，就很可能起到相反的效果，对孩子的教育反而不利。教育实践中这样的例子不少。上面提到的这位父亲就是这样，因为在学校听了老师的"告状"，他自己感到羞辱难堪不说，回家还把儿子打了一顿。这样的家校沟通不但没有起到好的教育作用，反而给孩子的心里造成了阴影：他会因此怨恨老师、怨恨家长，他会觉得老师是他挨揍的帮凶，是他挨揍的始作俑者，他甚至会觉得他之所以挨揍完全是因为老师告状，而不是因为他犯了什么错误……

对此，苏霍姆林斯基明确表示：

　　要尽可能少请家长们到学校来对孩子进行道德训斥，用父亲的"强硬手腕"来吓唬儿子，说什么"如果再这样继续下去"是危险的来警告孩子。而应尽可能多地让孩子同父母在精神上交往，这种交往能给母亲和父亲带来欢乐。①

---

① 苏霍姆林斯基. 怎样培养真正的人[M]. 蔡汀，译//蔡汀，等. 苏霍姆林斯基选集：第2卷. 北京：教育科学出版社，2001：290.

苏霍姆林斯基非常强调家庭教育的重要性。他深信，学校教育要取得家长的配合，没有家长的帮助是不行的，智力训练不仅要在教室里进行，还应当在家里进行。他开办家长学校，希望通过家长学校让家长也懂教育，使他们逐渐地、一步一步地去认识孩子的内心世界。帕夫雷什中学的心理学研究会曾经召开了一次会议，邀请六年级学生的家长参加，向家长们讲述了在阅读时人的头脑里发生的极其复杂的过程，并提了一些建议，告诉他们怎样帮助少年完成家庭作业，怎样注意使阅读成为发展智力的手段……。学校还常常邀请家长到学校参加"母亲节""父亲节""书籍节"和"创造节"等活动。

　　尽管苏霍姆林斯基强调家校联系，但他反对动辄就把家长叫到学校来进行训斥的行为。实际上，无论是他本人还是帕夫雷什中学的教师，既通过家长学校、家长会等形式经常与家长见面，也会把家长单独叫到学校里来与家长交流对孩子的教育，但他们与家长的谈话绝不是"告状"，不是向家长数落孩子的种种不是，而是紧紧围绕孩子的身体健康、营养状况、饮食与作息制度进行，也在交谈中了解孩子的一些家庭情况，与家长一起研究怎样给孩子全面的营养，怎样减轻孩子的负担，怎样帮孩子养成良好的生活习惯。

　　为了给孩子创造良好的家庭成长环境，苏霍姆林斯基甚至力所能及地解决了一些孩子的家庭纠纷。许多家长正是通过苏霍姆林斯基的帮助，不但掌握了必要的教育学、心理学知识，而且他们本人也深受教育，一些过去有着各种各样问题的家长开始反思自己的行为，以及由此可能会对孩子产生的影响。

　　针对一些家长动辄打骂孩子的现象，苏霍姆林斯基和帕夫雷什中学的教师们一起，通过与家长坦诚地交流，使家长们相信，体罚不仅体现了家长的软弱无能和惊慌失措，也标志着他们的教育方法极端不文明。因为皮带和拳头会扼杀儿童心灵中细腻敏锐的感情，使他们变得愚昧，丧失人的自尊。最后，孩子会用撒谎和奉承这种毒药来麻醉人，而这些恶果都是体罚造成的。

为了防止一些家长打骂孩子，苏霍姆林斯基一方面禁止教师把家长叫到学校，当着家长的面，对孩子进行道德训斥，另一方面要求教师慎用手中的评分工具，也就是说，不要企图通过给孩子打不及格的分数让家长打骂孩子。苏霍姆林斯基告诉教师，对孩子来说，来自教师方面的最大不公平是教师给他评不及格的分数，而且还企图让家长为此处罚他。当孩子看到教师把不及格的分数通知家长时，他就会变得冷酷无情，与教师和学校对立。

苏霍姆林斯基本人坚决不给孩子打不及格的分数，更不会让孩子把写有不及格分数的试卷或记分册拿回家让家长签字，而是采取暂缓评分的方式。如果孩子还没有得到分数，就表明孩子还需要进一步努力，教师将根据其努力的情况给他打分。苏霍姆林斯基通过这样的方式告诉孩子，那扇向上的大门永远在他面前敞开着⋯⋯。同时，他也通过这样的方式让家长知道，如果孩子的记分册里没有成绩，就说明并不是一切顺遂。家长就会明白，没有成绩不是孩子的过失，而是孩子的不幸，孩子现在需要的不是打骂，而是帮助。家长和教师有了这种共识后，再遇到孩子分数不及格的情况，他们就会一起来帮助孩子。苏霍姆林斯基告诫家长，切勿要求孩子取得最高的分数，不要把不及格的分数看成是懒惰、懈怠和不够用心的标志，更不要因此去打骂、逼迫孩子，不要让分数成为孩子的灾难。

谈到与家长的交流和沟通，家长会是一种必不可少的渠道。作为班主任，我曾经主持过家长会；作为孩子的家长，我曾经参加过家长会。对于教师在家长会上谈论的话题，我认为要认真选择，尤其是当涉及具体的孩子时，更要非常慎重。我非常赞同苏霍姆林斯基的看法：

有时候，把一些只能和家长们个别谈的情况拿到家长会上来讨论了。这不仅伤了某些家长的感情，也伤了孩子的感情，因为母亲和父亲所听到的一切都会不知不觉点滴不漏地传到孩子们的耳朵里。[1]

当我们设身处地地站在家长和孩子的角度时，我们就很容易判断哪些话题不宜拿到家长会上公开讨论。比如，单亲家庭对孩子的影响，孩子身体某方面的缺陷……。这些涉及具体的人的话题都不宜进行公开探讨，只适合在私下与家长交流。而且，即便是私下交流，也要考虑具体情况，比如家长的接受程度，家长是否愿意谈论这个话题，等等。苏霍姆林斯基通常不会主动向家长和孩子谈起这些隐秘的话题，而是首先建立彼此的信任。当家长和孩子信任老师，感受到老师内心深处的真诚、深厚的善意时，他们才会主动把自己的想法和困难告诉老师，寻求老师的帮助。比如，男孩万尼亚的妈妈来到学校，忧心忡忡地告诉苏霍姆林斯基，她儿子最近心情烦乱，因为她的工作不顺利，儿子为此十分忧虑，一句冷淡的话就会让他流泪……。她请求苏霍姆林斯基注意她儿子的眼神，千万不要对他漠不关心……

读着这样的故事，我想，不论是教师还是家长，当我们意识到大家有着共同的目标和信念时，有效的交流、沟通才真正开始，因为我们所做的一切都是以共同的爱为前提。而对教师来说，让家长和孩子感受到我们发自内心的爱与善意，才是教育的关键所在。

① 苏霍姆林斯基. 公民的诞生[M]. 黄之瑞，等译. 北京：教育科学出版社，2002：38.

一颗火星儿点燃另一颗火星儿

一个孩子在为同学们朗读他写的作文，内容关于冬天的早晨。在他的眼中，冬天的早晨是那么不平凡，许多现象是那么有趣，那么美，那么令人惊奇。那冬天的雪山，那被白雪覆盖的田野，那挂满冰凌的寂寞的枝头，都让他深深地迷恋。他痴迷地看着这一切，用他能够想到的最美好的语言描述着这一切。读着读着，他还在想：那曾经在枝头上歌唱的小鸟到哪里去了呢？那曾经在田野的泥土中劳作的小昆虫在吃什么呢？那曾经在大山的崖壁上绽放的白色的小野花现在在哪里呢？明年春天还会出现在那儿吗？……。孩子们屏住呼吸，听着他的朗诵，他们也沉浸在这美好的想象和对大自然的迷恋中。

这是帕夫雷什中学为低年级儿童举行的儿童创作晨会上的一幕。我也像这群可爱的孩子一样，想象着乌克兰冬天的早晨，聆听着那个孩子稚嫩而流利的童音，我甚至看到了站在孩子们中间的苏霍姆林斯基眼里慈爱而深邃的光彩……。在帕夫雷什中学，这样的晨会常常举行。孩子们通过这种艺术形式，把自己看到的有趣、惊奇和激动的事物表达出来，以便让聆听的孩子分享他的这一份喜悦、惊奇与激动。苏霍姆林斯基把这种分享看得极其重要，他认为：

> 思想好比火星儿：一颗火星儿会点燃另一颗火星儿。一个深思熟虑的教师和班主任，总是力求在集体中创造一种共同热爱科学和渴求知识的气氛，使智力兴趣成为一些线索，以其真挚的、复杂的

关系——即思维的相互关系把一个个的学生连接在一起。^①

是的，让一颗火星儿点燃另一颗火星儿，在这个过程中，整个集体就沐浴在一片智慧之光中。在苏霍姆林斯基的心里，一个有经验的教师和班主任，就应该设法建立一个具有真挚、复杂关系的班集体，这一点非常重要。这个班集体建立在每一个学生都热爱学习、渴求知识的基础上，身处这个班集体中的每一个孩子，都能够感受到这种美好的气氛。班主任设法引导孩子们互相产生积极的影响，让一颗火星儿去点燃另一颗火星儿，引导孩子们早在小学的时候，就要不仅自己热爱学习，而且把自己对知识的热爱传递给班上的其他同学，互相激励，互相影响。我想，这正是建立一个积极向上、渴求知识的班集体至关重要的原因之一。

我不断想象着苏霍姆林斯基笔下那个在晨会上朗读自己作文的孩子。当他自豪的声音在晨会上回荡，当他看到所有聆听的孩子眼睛里闪烁着惊奇和兴奋，当他感受到他的同学们跃跃欲试的创作渴望时，我想这对他来说不仅是一次十分积极的情感体验和精神鼓励，也是在整个班集体中营造了渴求知识的美好气氛。当其他孩子也开始用自己的眼睛观察世界，用自己的笔记录心中的惊奇与激动时，当他们学会与别人分享自己的思考和发现时，共同的兴趣就把他和同学们紧紧地联系在一起，这个班集体就具备了一种力量——把所有孩子团结在一起，没有一个孩子在这里感到孤独无助。

事实上，我们研究那些优秀班主任的班级管理经验，就会发现苏霍姆林斯基让孩子们彼此点燃、彼此影响的思想早已贯穿在他们的实践中。

凌老师是一位小学语文教师兼班主任，他很想激励孩子们爱上阅读，

① 苏霍姆林斯基. 给教师的建议[M]. 杜殿坤, 译. 北京: 教育科学出版社, 1984: 168.

于是他给孩子们介绍一本本好书,也介绍阅读的种种好处,并且获得了家长的支持。但半个多学期过去了,他发现似乎总有一部分孩子对阅读兴趣不大。就在他陷入苦恼的时候,一次课间的发现启发了他。那天下课后,他正准备离开教室,小杰跑到他面前,兴奋地说他看到了一本十分好玩的书,那就是台湾绘本作家几米的《童年下雪了》。小杰一边笑着一边给他讲述其中最好玩的文字和图画,他也不由得被小杰逗笑了。望着小杰由于兴奋而闪闪发亮的眼睛,他忽然想到,为什么不请小杰把这种喜悦和兴奋传递给别的孩子呢?让孩子们一起来感受阅读的快乐,不是一件很好的事情吗?

于是,凌老师的班里形成了一个关于阅读的规定:每天早晨第一节课之前,由几个孩子向同学们介绍自己在阅读中有趣的发现,获得的快乐,以及心中的激动和迷惑。起初,孩子们的讲述十分零碎,也缺乏自己的思考,但渐渐地,孩子们开始有意识地在阅读中思考,并尝试着把自己的阅读感受用比较流畅的语言进行叙述。起初,只有一两个孩子上台讲述,后来,孩子们争先恐后地上台与大家分享自己的感受,以至上课铃都响了,还有孩子因为自己没轮上而感到遗憾……。孩子们渐渐发现,原来阅读是一件如此美好的事情,与别人分享自己的收获更是一件如此美好的事情。渐渐地,那些本来不太喜欢阅读的孩子也不甘示弱,因为他们也想像其他同学那样讲述自己的发现和快乐……。他们互相激励、互相点燃,每一个孩子都深深地爱上了阅读,都想把自己最新的阅读收获与同学分享。他们不仅阅读经典作品,还阅读国内最新出版的各类童书。他们渐渐学会了讲述,学会了思考,也学会了讨论和交流。

看到孩子们爱上了阅读,凌老师感到十分欣慰。但在高兴之余,他又隐隐有些担心:作为语文教师,他怕花大量时间阅读会影响孩子们的考试成绩;作为班主任,他又怕孩子们如此痴迷阅读会影响其他学科的学习。在坚持了一个学期之后,他惊喜地发现,痴迷阅读并没有给孩子们的学习带来不好的影响。在本地区的期末统一测试中,他所教的班级令同年级所有教师吃惊，他的班不但语文成绩名列前茅，而且其他学科的成绩也都十分优秀。这一点连凌老师自己也没有想到。有同事认真查看了凌老师所教班级的试卷，发现孩子们在阅读和写作方面表现出了明显的优势，一些看上去比较难的题目都回答得很好。凌老师的经验再次证明，阅读不仅不会影响学习成绩，而且能够使孩子们在考试中更有优势，这已是一个毋庸置疑的事实。

我也在反复思考凌老师的经验，希望能找到他成功的密码。其实，我看重的绝不仅是他所教班级的学习成绩，或者我看重的主要不是学习成绩，我更看重的是在这个如此痴迷阅读的班集体，他们是如何持续保持这种阅读热情，以至于这种热情也促进了其他学科的学习的。反思凌老师的做法，作为班主任，他在班集体中营造了一种共同热爱阅读的气氛，帮助孩子们互相鼓励、互相点燃，才使孩子们在彼此的关注和倾听中一起走上幸福的阅读之路。在这条路上，每个孩子都打开了思想，打开了视野，他们看得更多，走得更远。

作为一个伟大的教育实践家，苏霍姆林斯基看到了教育现实中的种种情况，并结合自身的实践给我们提供了极有借鉴价值的解决问题的策略。比如，他提倡由一颗火星儿去点燃另一颗火星儿，即提倡学生之间的互相鼓励、互相影响，但也设想到了这样的情况：如果一个学生的思想还不能感染别的学生，也就是说，当这种感染、激励的力量还不够强大时，教师又该怎么办呢？苏霍姆林斯基根据自己的亲身经验提出，一旦遇到这种情况，教师就该发挥作用了——教师就要站出来，用自己的力量在孩子们面前点亮第一颗火星儿。

多么可贵的第一颗火星儿！我们来看看他是怎样用自己的力量点亮第一颗火星儿的。四月的一个清晨，古老的山岗在雾气中若隐若现，村子隐没在果园里，田野一望无际，山峦和林带变成了迷人的蓝色。苏霍姆林斯基和孩子们一起来到田野，听云雀歌唱。空气变得格外清澈洁净，地面上飘荡着银白色的蛛丝，远处响起云雀银铃般的歌声……。苏霍姆林斯基给孩子们朗诵了自己创作的关于云雀的童话，他们听得那么入神，他们都被眼前这个大朋友新奇的想象深深地吸引了，他们跃跃欲试，都想试着创作一篇美好的童话，把心中的惊奇和想象尽情地描述一番……

就这样，苏霍姆林斯基的孩子们爱上了童话，爱上了创作。他不仅是一个伟大的教育家、心理学家，同时还是一个极为出色的作家和诗人。他一生不仅写下了几千万字的教育论著，而且还专门为孩子们创作了600多篇童话、散文和小说。这些作品在孩子们的心里播下了一颗颗小小的种子，那是美好与善意，是智慧与创造，是意志与信念……

不仅在阅读领域如此，苏霍姆林斯基在劳动、音乐、美术等其他教育领域也同样如此。当孩子们遇到困难，感到茫然的时候，他就用自己的方式点燃第一颗火星儿，然后引导孩子们互相点燃，彼此照亮，一起朝着那个美好的方向走去。

集体教育对个人的影响

　　苏霍姆林斯基曾经讲过这样一个故事：孩子们在一次远足旅行的归途中，向邻村的一位老奶奶要水喝。老奶奶邀请孩子们到果园里去，并拿出苹果和烤土豆款待他们。孩子们吃完了食物之后，向老奶奶表示了感谢，然后就出发了。走了一里多路后，孩子们突然想起，刚才在他们坐过的地方，一些烤土豆的皮被丢在地上没有收拾。于是，一场小小的辩论开始了。有的孩子不以为然，认为折返这么远的路就为了拾那些土豆皮很不值得；有的孩子却觉得应当回去收拾干净。在老师的支持下，孩子们决定往回走，只有一个孩子没有动，他说："我要坐在这儿歇一会儿……"但是当他听到其他孩子齐声愤怒地指责他时，他想休息的念头一下就打消了。

　　这个事例展现了集体对个人的教育力量。苏霍姆林斯基十分重视让集体对个人施加影响，把这看作一种非常细致的教育方法：

　　　　集体对个人施加影响是一种非常细致的教育方法。可以毫不夸大地说，这是一种存在于人们相互精神关系中的最为娇嫩与脆弱的东西。只有当一个精神最脆弱的人从自己绝大多数同伴的眼神里看到了一种对道德理想的向往，看到了他们一定要攀登道德美的顶峰的强烈愿望时，集体才能成为一种真正使人上进的力量。[①]

① 苏霍姆林斯基. 公民的诞生[M]. 黄之瑞，等译. 北京：教育科学出版社，2002：56.

当那个想偷懒的孩子从其他孩子的眼中看到愤怒时，他不由得反思自己的行为，并在集体的感召下改变了自己的想法。不管这种改变是否缘于他真正意识到了自己的错误，但最终他通过具体的行动做出了正确的选择。这就是集体教育的力量。

苏霍姆林斯基虽然极其重视集体教育对个人的影响，但他又指出，集体对个人的教育应当是非常细致的，不应该让学生感到，大家是在专门"整"他，是为了拿他做靶子来教育别人。苏霍姆林斯基认为这是在集体与个人的相互关系中可能出现的最不好的现象之一，因为一旦学生感到他成了别人的靶子，他就会对自己的命运抱着无所谓的、满不在乎的态度，他就会将错就错、破罐子破摔。对这种现象，苏霍姆林斯基不无忧虑地打了个比方：不要让学生感到他是供人做实验用的兔子！

但在当下的教育实践中，误把学生当成做实验用的兔子的现象屡见不鲜。有一个家长曾告诉我关于他儿子的一件事。

他的儿子上小学三年级，非常顽皮，喜欢运动。但有一段时间，儿子的身体却频频出现问题，儿子今天喊肚子疼，明天叫胃疼，后天又是头疼。去医院检查，没检查出什么问题。一天，儿子又生病了，大清早就躲到卫生间里，说是闹肚子了，爱人还听到了儿子大声呕吐的声音。他只好请假带儿子再去医院看病，这次他下决心一定要让医生好好查查，看到底是什么问题。折腾了大半天，检查的结果还是一切正常。值班医生很纳闷地看着儿子的小脸，说是从脸色上也看不出有什么问题。他知道儿子不太招老师喜欢，班主任曾多次叫他和孩子的妈妈去学校谈话，最近还打过几次电话，说儿子太好动，成绩太差，还不遵守纪律，和同学打架，请家长一定帮忙教育。再看看面前的儿子，他就开始怀疑了：儿子频频生病，是不是不去上学故意找的借口呢？但想想还是不太相信，儿子只有 9 岁，应该不至于为了不去上学而撒谎，他和孩子的妈妈并没有在学习上逼他；况且，每次来医院，又是抽血又是化验，儿子也受了不少罪呢！他决定回家后与儿子好好谈谈。当晚，在他与孩子妈妈的一再追问下，儿子终于嗫嚅着承认，他没什么不舒服，就是不想去上学。他和孩子妈妈又惊又气，追问缘由，儿子竟抽抽搭搭地哭了起来。原来，班主任批评他不遵守课堂纪律，还说他影响别的同学，说他故意摔坏同桌的铅笔盒，其实同桌的铅笔盒是他不小心碰了一下掉到地上的……。班主任在教室最后一排专门放了一张桌子，让他一个人坐在那里；做广播操的时候，让他一个人站在队伍的最后面；班级合唱团在学校演出，全班只有他一个人不能参加，因为班主任说他会影响队列，说不定唱着唱着就故意跑了调……。班主任常常拿他做例子，告诉班里的学生，谁若是不遵守纪律、不好好学习，就会像他一样受到惩罚，那时候他就有"接班人"了……。儿子觉得非常丢脸，就不想去上学了。

听了儿子的哭诉，他的心紧紧地揪了起来。他知道儿子很让老师操心，知道儿子成绩差，太好动，不遵守纪律，但没有想到儿子心中竟有这么多的委屈和痛苦。想到儿子一个人坐在教室最后一排，一个人站在班级队伍的最后面，在他的同学都去参加合唱演出时，一个人在操场上充满羞辱地游荡……。此刻，他心里充满了悲愤。他想去学校找班主任理论一番，但考虑再三，最终选择了让儿子转学。

听了这个家长的话，我的心也很沉重。我深知班主任工作的艰辛与苦楚，有些孩子确实需要耗费大量的精力和心血，我也非常能够理解这个父亲的心情。也许这个孩子身上确实有不少毛病——我完全能够想象为了教育这个孩子教师所付出的努力，但我们不得不说，这个教师的教育方式欠妥。这种教育方式的关键问题是，教师把学生孤立起来，让他从集体中脱离出去，使他成了一个公开的靶子，一个在集体面前公开展览的、做实验用的兔子。在他的眼里，不光老师不喜欢他，处处"整"他，集体中的每一个人都在笑话他、"整"他，他的存在就是为了教育别人，使别人不要像他这样。他的心里一直响着一个声音：看看吧，这就是班里最差的那个学生，千万不要落到他这样的下场……。在这种情况下，班集体就谈不上对个人施加教育了，而是成了让他丢脸的地方，成了他的一场噩梦。

其实，对于班里其他孩子来说，这样做也并非能够如教师所愿，起到某种教育作用。这个孩子在班里的处境成了一种震慑，成了其他孩子高高在上、笑话别人的根据，而不是一种互相帮助、彼此奉献的源泉，班集体也失去了充满善意、积极向上、彼此激励、互相教育的良好氛围。因此，我认为，集体对个人施加影响不只是对个人的一种教育，同时也是对集体本身的教育。

苏霍姆林斯基的学生为是否回去拾丢弃的土豆皮而引发了争论，最后正义的力量占了上风。这个案例除了展现了集体教育的力量，还展现了一个积极向上的集体形成的过程。苏霍姆林斯基努力使这个集体中的每一个学生都拥有一种体验，让孩子们在儿童时代就能够体验到正义的思想取得胜利的心情，感到自己是这种胜利的参与者。这是一种宝贵的体验。如果错过了这个年龄段，再想要激起学生对某些丑恶行为的愤慨，就不会收到任何效果。苏霍姆林斯基努力使孩子们理解和感觉到，世界上还有些卑劣的、丑恶的东西。而且，他认为更重要的是，要让孩子不只是晓得"这种事是卑劣的、丑恶的"，还要让他们因为卑劣的、丑恶的事就在近旁，可是由于自己没有能力使这个世界变得更好，而感到担忧、难受和痛苦。而他们对于卑劣的、丑恶的东西的这种愤慨和厌恶，会渐渐地迁移，学会用它来检查自己。在这个过程中发生的微妙转变，会使孩子渐渐成长为一个真正的人。因此，在这个案例中，学生集体对那个学生的教育，同时也是对整个集体的教育——这个事例使孩子们都获得了正义终将战胜邪念的宝贵体验，从而坚定了他们与卑劣、丑恶作斗争的勇气和信心。

优秀的班主任都极其重视集体对个人的影响，也重视对整个集体进行教育。周老师是一位有着16年教龄的小学班主任，她曾经给我介绍过一些自己做班主任工作时发生的故事，我听后很受启发。谈到集体与个人的互相影响时，她给我讲了下面这件事。

她的班上有一个女孩，性格十分内向，各门功课成绩一般，没有什么特长、爱好。她是那么乖，似乎从没见她与同学有什么矛盾，也没听一个老师说过她什么不是，甚至有几个老师上了一个学期的课，竟还不知道班里有这么一个女孩。周老师是一个十分细心的班主任，有几次上课时叫这个女孩读课文，她的声音小得像蚊子，看上去有点胆怯、自卑。看到这个女孩的样子，周老师很想帮助她建立自信，让她走出个人的小天地，积极与同学交往。后来，她决定在班里组织一次名为"最美好的我"展示汇报活动，让每一个学生都找到自己"最美好"的一面。或讲故事表演口才，或画画展示天赋，或弹奏自己拿手的乐器，或朗诵自己创作的诗歌，等等。每个学生都要积极做好准备，轮流在班里展示。周老师希望通过这样的活动让每个学生在集体面前展示自己的长处，树立自信，彼此激励，尤其是对那些内向、自卑或者成绩差的学生来说，这种活动就是一种积极的体验与鼓励。但周老师知道，并不是说活动"布置"下去就行了，就只等着"展示"了，为这些估计会出现困难的学生提供必要的帮助，才能保证他们到时候能把"最美好"的一面展现出来。否则，这样的活动反而会对他们起到反作用。于是，她找到几个需要帮助的学生（当然包括那个女孩），帮助他们做各种准备。起初，女孩不知道自己擅长什么，周老师经过与女孩反复商量、探讨，发现女孩喜欢画画，周老师便提议可以展示女孩最美丽的画。找到了自己"擅长"的领域，女孩非常开心，说可以画一个故事，还可以配上文字，周老师就建议女孩创作一本图画书。经过近两周的准备，女孩终于把一本图画书创作完成。在班级展示汇报会上，女孩拿着自己创作的图画书走上讲台，一边展示画面一边朗读上面的文字，全班同学都被女孩精彩的创作打动了——在这之前，没有人想过班里竟然有同学可以创作图画书！在热烈的掌声中，女孩微笑着走下讲台，虽然依旧有一丝羞涩，但在周老师看来，那种笑容要比以前明朗、开心得多……

　　听了周老师的故事，我不禁想起了苏霍姆林斯基的话：

而集体教育力量恰恰就在于使每一个人都想要别人对自己有好的看法和好的评价。要努力做到，使您的每个学生在少年时代渴望在集体面前显示自己的长处，并努力做到让那些激励的感觉因为人们对自己有好的看法而长久地保留在少年的心中。[①]

我想，周老师真正看到了每一个学生内心真实的渴望，那就是在集体面前展示自己的长处。每一个人都试图把自己美好的一面展现给大家，这既是集体教育的力量，也是个人教育的途径，更是集体与个人彼此影响、共同向上的教育真谛。

① 苏霍姆林斯基. 公民的诞生[M]. 黄之瑞，等译. 北京：教育科学出版社，2002：58-59.

每一条溪流都该是清澈的

有经验的班主任都知道，班级管理中耗费心神最多的往往是极少数最难教育的学生，班主任工作的艰辛和复杂也体现在这里。教育这些学生时，教师要本着极大的爱心与耐心，通过与家庭教育的配合，运用集体教育的力量对他们施加有益的影响。苏霍姆林斯基的大量案例都证明了这一点。值得注意的是，尽管苏霍姆林斯基强调集体教育对个人的影响，但他同时也提醒教师：

> 我坚定地相信，只有当教育者时刻关心使这条大河流域没有一支溪流干枯、腐败和发臭，那时候集体才能成为人的精神、人的个性的一汪活水。集体成为教育者的能力，是要加以明智地培养出来的。①

在苏霍姆林斯基的观点中，隐含着一个必然的逻辑关系：学生个体组成学生集体，只有个体教育的成功才能造就集体教育的成功，这就好比一条滚滚向前的大河必然是由无数条清澈流动的小溪汇聚而成的一样。假如小溪是干枯的、腐败的、发臭的，大河就会成为一条臭河。在这里，苏霍姆林斯基强调的是，教师要充分认识每一个学生的重要性，不放弃

---

① 苏霍姆林斯基. 给教师的建议[M]. 杜殿坤，译. 北京：教育科学出版社，1984：469.

任何一个学生，也不允许任何一个学生放弃自己；班主任要营造一个积极向上的班集体，应要求每一个学生也必须是积极向上的。

苏霍姆林斯基曾提到一个叫伊戈尔的少年，由于种种原因，入学时他十分懒惰，对一切都漠不关心，甚至连男孩最喜欢的摩托车驾驶都没兴趣。别的孩子都在参加劳动，只有他游离于集体之外。苏霍姆林斯基就拉着他的手一起劳动，和他一起尝试着把苹果树嫁接到野生果树上，还尝试着移栽果树，几十次地重复着这些劳动。当伊戈尔发现自己嫁接的果树发芽了，自己移栽的小树成活了，他就爱上了园艺，也爱上了劳动。在教育伊戈尔的过程中，苏霍姆林斯基力求让伊戈尔取得成绩，看到自己劳动的成果，从而激励和鼓舞他。他不允许伊戈尔脱离这个劳动的集体，使伊戈尔意识到自己是集体中的一分子。苏霍姆林斯基的努力证明，对学生个体的教育，除了需要教师本身的责任感和耐心，还需要高度的教育艺术，即教师要通过与学生一起活动，向学生传达一种信念，那就是决不放弃，教师不会放弃任何一个学生，也不会眼睁睁地看着学生放弃自己。伊戈尔正是在与苏霍姆林斯基一起劳动的过程中感受到了这一点，从而树立了决不放弃的信念。

我在与一些班主任交谈时，发现各位班主任谈论最多的就是对班里某个"问题生"的教育，那种艰辛与复杂只有做过班主任的教师才能有所体会。有的教师在最焦虑的时候，甚至会说出这样的话来："我再也不想管他了，反正怎么管都没用……"其实，我知道大多数班主任只不过是说说而已，对那些特别难教育的孩子，任何有良知和责任感的教师都会倾尽所能，焦虑有时恰恰是他们有责任感的表现。

但也有一些正好与之相反的情况。曾有一个家长忧心忡忡地找到我，她当时那种绝望的眼神令我永远难以忘记。她的儿子正上初二，从小学习成绩就比较差，班主任常常因为儿子淘气、不好好学习找她谈话，她觉得自己的脸都被丢尽了……。快小学毕业时，儿子的成绩丝毫没有起色，小学因为没有升初中的压力，班主任索性放弃了他，只要他上课不打不闹、安静地坐着就可以了，至于其他方面，班主任当面告诉她，已经不抱什么希望了。听了班主任的这番话，她回去大哭了一场，她说那一刻自己想死的心都有。好不容易上了初一，她费尽心思，通过各种关系，终于把儿子送进了一所当地人心中的好学校。她热切地希望儿子能有一个崭新的开始。可是事与愿违，初中班主任很快就发现这个孩子"不可教育"，在努力了几次之后，似乎也逐渐放弃他了。因为她发现，即使儿子不写作业也没有遭到严厉的批评。那天开家长会的时候，儿子的名字没有被提及，似乎班里压根就没这个人。她如坐针毡地坐在儿子的座位上，希望听到关于儿子的只言片语，哪怕是一些不好的评价——反正她觉得自己之前听到的已经够多了，但她就是不能忍受儿子被忽略。可是，一直到家长会结束，她都没有听到任何关于儿子的事情。会后，她硬着头皮留下来和班主任单独交谈。班主任告诉她，对她儿子说什么都没用，她儿子几次与同学打架，班级因此被扣了分，先进班集体评选也受到影响，现在只要他不惹事，不影响别人，不影响班级荣誉就已经很不错了。说完，班主任还暗示她不应该把儿子送到这样的学校，他的存在只会影响整个班集体的荣誉和成绩，对他并没有什么好处……

我建议她换一所学校试试。新学校不一定是公认的"好学校"，学校的教师也不一定是什么名师，但任课教师尤其是班主任一定要有责任感。在我看来，一个正处在成长阶段的孩子，不论他处在怎样艰难的境地，不论在别人看来他是多么没出息、不争气，班主任都不能放弃对他的教育。虽然我们承认教育不是万能的，一个人的成长受非常复杂的因素影响，但我们绝不能缺少一个教师的良知和责任。在大多数情况下，教师的良知和责任恰恰体现在教育的过程中，而不是最终的结果上。教育那些"问题生"时，我们不能以关注集体、重视集体的名义放弃个人，因为放弃了个人也就等于放弃了集体。这不仅涉及一个基本的教育逻辑，也关乎一个教师的良知和责任。

后来，这个男孩转到了一所普通学校，班主任是一位非常亲切的中年女教师。在全面了解了孩子的情况之后，她向家长表示，虽然她不能保证什么，但一定不会放弃孩子，会尽可能多地给孩子一些帮助。一段时间之后，有一天儿子放学回家，很兴奋地告诉妈妈，他加入学校足球队了，还是守门员。班主任发现他有做守门员的天赋，这下全班的荣誉都在他身上了！在这之后，儿子回家常常说起足球比赛的事情，有时候兴致勃勃，因为他把一个最危险的球扑出去了；有时候又很沮丧，因为他训练时不小心被对方球队进了球……。孩子的母亲十分欣喜地看着儿子的变化，她并不奢望儿子真的像班主任所说的那样具备做守门员的天赋，也不奢望儿子能成为多么了不起的人物，她只希望儿子能够不被放弃，也不自弃。现在，她看到了这种希望，心里对那位班主任充满了感激。

我想，这位班主任不一定是什么名师，也不一定具有多么了不起的远见卓识，但她有责任感，懂得教育艺术。她善于在孩子感兴趣、比较容易感受到成功的领域帮助孩子树立自信，体验尊严，让他觉得自己并非一个什么都不行的人，他完全可以在某一方面取得成功；作为班集体中的一份子，他不是只有抹黑的份，他也有能力给集体带来荣誉……

让每一条溪流都保持清澈与活力，否则，也就无所谓大河滔滔。让我们记住苏霍姆林斯基的话：

如果一个人在集体面前对自己随随便便，如果他自己贬低自己，那么这也就败坏了集体。①

---

① 苏霍姆林斯基. 给教师的建议[M]. 杜殿坤，译. 北京：教育科学出版社，1984：469.

班级活动的教育意义

有一次，我与一个小学二年级的小朋友聊天，我问他班里组织过哪些有意思的活动。他歪着头，很可爱地看着我说："我们做广播操！"我笑了，问他："除了每天早上、体育课上做广播操、跑步，还参加过什么活动？"他想了半天，摇了摇头。我不死心，接着问："班级新年联欢会、拔河比赛或者跳绳、踢毽子总有吧？"这回他点了点头："只参加过拔河比赛，和2班比的，我们输啦！"他的小脸上露出有点沮丧的神情。旁边他的妈妈告诉我，儿子所在的班级学习抓得很紧，班主任是位数学老师，十分负责任，不仅很少组织班级活动，还利用一切时间给孩子们补课。虽然孩子们玩的时间少了些，但每次区里统考，儿子的班级考试成绩都远超平均分，成为区里有名的优秀班集体，儿子的班主任也成为学校领导引以为豪的优秀教师，家长们也非常信任这位老师，觉得遇到这样的老师（又是班主任）十分幸运……

听着这个家长的话，我的心却沉重起来。其实，我十分尊敬刚才提到的这位教师。我知道，正是作为教师强烈的责任感与应试的压力，才促使她丝毫不敢懈怠。但这并不代表这位老师的所有做法都是正确的。我们还是应该在澄清一些错误概念的基础上，改变教师的一些教育理念和具体行为。

很多班主任认为，组织班级活动与抓学习是不可兼得的，只能二选一。其实，组织班级活动既是班主任工作的重要组成部分，也是开展教育教学工作的重要途径。班级活动的主要功能是开启学生的智慧，丰富学生的精神，进行情感熏染，培育正确的道德观与价值观。有经验的班主任都十分注重组织班级活动，在各种形式的班级活动中对学生进行教育。研究许多优秀班主任的工作案例也会发现，他们都十分善于通过组织班级活动开展教育教学工作。但也有一些班主任只重视班级常规训练，重视各门学科的教学，不够重视组织班级活动，认为这是多余的负担，甚至认为会分散学生学习的精力，不愿意组织班级活动。我想，这归根结底是因为没有认识到班级活动的重要教育价值。因此，研究、梳理班级活动背后的教育价值与意义，澄清一些关于班级活动的模糊认识十分必要。

作为一个优秀的班主任，苏霍姆林斯基把组织班级活动作为工作的主要手段。在他的班级管理经验中，组织各种形式的班级活动是班级管理的重要组成部分。仔细研究这些经验，梳理这些做法，对每一个班主任来说都有着十分重要的借鉴意义。

苏霍姆林斯基是个组织班级活动的高手。仔细研究这些丰富多彩的班级活动我们可以发现，苏霍姆林斯基看重的不是活动本身，而是这些活动背后蕴含的巨大的教育意义。总体说来，苏霍姆林斯基主要是通过组织班级活动来开启学生的智慧，训练学生的思维，丰富学生的精神与情感世界，培养学生正确的道德观与价值观。大致说来，苏霍姆林斯基的班级活动可粗略划分为以下几种形式。

班级小组活动。苏霍姆林斯基认为，不应当把学生的智力生活理解成个人狭窄的小天地，而应该把参加班级活动（班集体活动和小组活动）作为智力生活的重要部分。苏霍姆林斯基在班里建立了许多有着共同智力生活的小组，如各种科学小组、学科小组、技术小组等，孩子们根据自己的爱好与兴趣，积极投身到这些小组活动中。通过参加这些小组的活动，学生丰富了自己的智力生活和精神世界，许多"难教的孩子"正是在这样的小组中克服了困难，而这些困难在一般的课堂学习中是很难克服的。他提到了一个叫别佳的六年级孩子，这个孩子数学学习十分困难，但因为参加了少年数学家小组的活动，迷上了数学匣的制作。在制作数学匣的过程中，别佳的思维慢慢打开了，制作数学匣的成功又激发了他强烈的求知欲，增强了他的自信心，后来他竟成了班上优秀的小数学家。这种以小组为单位的班级活动，为每个孩子都提供了迷人的天地，在这个天地中，孩子们获得了在一般的课堂学习中没有的乐趣和成功感。

班级读书活动。苏霍姆林斯基十分喜爱读书，他在著作中曾经多次自豪地提到自己的藏书。他无限相信书籍的力量，把阅读作为一种重要的教育手段。因此，他把帕夫雷什中学建造成一个书籍的大王国，把他的班级打造成一个书籍的小王国，而他的学生则是一个又一个爱书人。对那些在偏僻地方工作的教师，他诚恳地发表了这样的看法：

> 学校应当成为书籍的王国。可能你是在很边远偏僻的地方工作的，可能你那个村庄和文化中心要相距数千公里，学校里也许会有许多欠缺，——但是如果你那里有一个书籍的王国，你就有可能把工作提高到这样的教育学素养的水平，并且取得这样的成果，使之不次于在文化中心地区的工作。①

苏霍姆林斯基希望，不管在什么环境下工作的教师都能充分认识到书籍的力量，把开展班级读书活动作为教育教学工作不可或缺的一部分。书籍可以弥补教学环境与教学条件的许多不足，成为教师教育工作的得力帮手。因此，苏霍姆林斯基极其重视在学校和班级里开展读书活动。他在班里建立"书籍之角"，陈列一些内容较好并且儿童感兴趣的书籍。在学生看来，他们的教室就是自己生平第一次遇到的小图书馆。苏霍姆林斯基也十分乐于在班里开展优秀作品朗读活动，他亲自给孩子们朗诵

---

① 苏霍姆林斯基.给教师的建议[M].杜殿坤，译.北京：教育科学出版社，1984：75.

童话和诗歌，也给孩子们朗读一些经典小说作品，他和孩子们一起坐在自己动手建起的童话室里欣赏那些优美动人的作品。他还把自己写的短文和小诗读给学生们听，通过这样的朗读活动，开启学生的智慧，培育善良的心灵。

难以忘记苏霍姆林斯基给孩子们朗诵自己笔下乌克兰的秋天傍晚的情景，他的文字是那么细腻、那么动人：

> 傍晚时分，天空变得灰中透红。在灰暗的橙黄色晚霞映衬下，展翅飞翔的归巢乌鸦的黑色身影像是一些神奇的幻想之物。森林陷入沉思般的寂静中，只是偶尔有某处的树叶在带有寒气的秋风中颤抖着发出簌簌之声。田野渐渐地越来越昏暗：夜色如潮水一般从沟壑里漫溢开来，覆盖了大地，遮蔽了森林。一颗流星在混浊的天空划过坠落而下。[①]

我想，这样的朗读活动将与这些迷人的画面一起，融入孩子们的生命，成为他们一生中最美好的记忆。

班级野外活动。苏霍姆林斯基主张以天地为课堂，因此，组织孩子们参加郊游、夏令营、森林探险、集体劳动等班级活动成为他教育工作中最常见的部分。比如，他带领孩子们在贫瘠的山坡上劳动了几年，荒芜的山坡变成了葡萄园，孩子们把成串的葡萄送给在前线牺牲了 3 个儿子的老母亲。为了引导儿童从形象思维过渡到概念思维，苏霍姆林斯基带领孩子们来到大自然，通过观察、思考与提炼，了解"生物和非生物"的区别，在这样的班级活动中，走出了认识自然、思维成长的第一步。在寒暑假里，苏霍姆林斯基组织孩子们开展夏令营、冬令营活动。他带

---

① 苏霍姆林斯基. 帕夫雷什中学[M]. 赵玮，等译. 北京：教育科学出版社，1983：89.

领孩子们来到森林，一边劳动，一边休息。在夏天寂静的早晨，他和孩子们到草原上去寻找最大的麦穗，因为他们需要找些种子做实验。在迷人的傍晚时分，他们手里拿着小刻刀坐在橡树的树荫下，他们要雕刻出飞禽走兽和那些幻想出来的事物。他们一起去集体农庄的果园里采摘水果，消灭害虫，收集树木的种子。他们在黎明时分的森林里生火做饭，在遥远的冰封湖面上扎起帐篷，欣赏湖面在阳光的照射下变幻出的光彩，集体编写美丽的诗歌……。苏霍姆林斯基把这些班级活动看作锻炼学生身体的好机会，看作开启那些"难教的孩子"智慧的重要渠道，并在这个过程中锻炼学生的意志，培养学生善于思索、善于动手、互相合作的精神，同时，让大自然各种各样的美融入孩子们的生命，让他们因此更加热爱生活。

班级游戏活动。苏霍姆林斯基十分喜欢组织孩子们进行游戏活动。比如，他在森林里组织孩子们进行军事游戏，孩子们通宵达旦地侦察，在想象出来的湍急的小河口，冒着"敌人"的火力建立强渡点……。孩子们在这样的游戏中感受到莫大的愉悦。这些看似十分幼稚的儿童游戏，恰恰包含了巨大的教育价值，正如苏霍姆林斯基所说，对孩子们来说，游戏是最严肃的事情。世界在游戏中向儿童展现，儿童的创造性才能也是在游戏中显现的。没有游戏，就没有完满的智力发展。游戏犹如火花，可以点燃探索和求知的火焰。

班级主题活动。苏霍姆林斯基喜欢创造各种主题的班级节日，如语文节、花节等，这些节日活动都蕴藏着各自的教育价值。比如，苏霍姆林斯基组织学生一年两度庆祝语文节，分别安排在学期和学年的末尾。孩子们邀请村里的长辈来参加，集体评选谁的诗歌和童话朗诵得好。这样的活动使孩子们和长辈们都感受到了阅读的乐趣，感受到了书籍带来的幸福。在各种花节——玫瑰节、野花节、菊花节上，孩子们把自己培育、采集的鲜花献给老人和自己的父母；在雪花节上，则把白色的风铃草献给妈妈。每个人都把劳动当成精神欢乐的源泉，把劳动当成给亲人带来幸福的途径。这些班级主题活动对孩子们来说，具有巨大的教育意义，丰富、细腻的情感与高尚的道德就在这个过程中被慢慢建立起来。

班级座谈活动。苏霍姆林斯基主张举办一些有关人的问题的座谈会，认为这样的座谈会具有重大意义。他和孩子们每两周举行一次座谈会。座谈的内容从一些不太复杂的生理现象解剖逐渐过渡到一些涉及人的心理形成与发展的深奥的、隐秘的现象，并形成了一定的体系。在这样的座谈会上，孩子们渐渐认识了自己的身体，对于如何了解自己、增进健康，每个孩子都开始了自我教育。虽然苏霍姆林斯基把班级座谈会作为班级活动的一种重要方式，但他不主张什么都拿到座谈会上来谈。比如涉及学生及其家庭个人隐私的话题，他更主张私下与学生交流，小心地触及这些敏感的领域，以保护学生的心灵和情感不受伤害。

上述班级活动形式，只是苏霍姆林斯基宏大教育体系的一部分。在梳理这些班级活动的过程中，我不止一次发出感叹——我感叹的不仅仅是形式的丰富，我更被这些极富创见的班级活动所蕴含的巨大的教育价值而深深折服。联想到当下有些班主任对组织班级活动的种种担忧，我们从苏霍姆林斯基的实践中就可以得出明确的结论：班级活动不但不会分散学生的学习精力、影响学习成绩，也不会加重学生负担，相反，班级活动会在很多方面成为教育教学工作的重要渠道，它甚至不是一种补充形式，而应当与课堂生活一样成为一种重要形式。

我常常想起那个小男孩告诉我"我们输啦"时的情景，他脸上那种沮丧的神情真让人感动。一个孩子，在班级活动中初步尝到了失败的滋味，这难道不是最好的教育吗？

莫让孩子成为道具

一群孩子穿着漂亮统一的服装，男孩女孩都化着浓妆，手中擎着花束，队列整齐，一齐有节奏地喊着"祝贺祝贺！祝贺祝贺！……"至于祝贺什么，孩子们未必知道，他们也未必知道这"祝贺"背后的意义。

某个学校的大门口，鼓乐喧天。孩子们穿着或红或绿的鼓号服，敲着锣鼓，吹着喇叭，等着欢迎某个领导视察学校。至于来者何人，有何公干，这不是孩子们关心的事情。

……

这样的场景我们一定不陌生。在当下的教育现实中，这样的场景实在太多了。

在阅读苏霍姆林斯基的著作之前，见到以上罗列的这些现象时，我只是隐隐感到不舒服，觉得让孩子们参与这些事情是在浪费时间，因为他们不知道这样做的意义，只是参加了一次集体活动而已。但后来，我在苏霍姆林斯基的著作中看到了这样的话：

不要叫他们去背诵那些要在成年人的大会上去发表的词藻华丽的祝贺词，也无须让他们在鼓乐伴奏下去列队祝贺。我们成年人也不必为孩子们用他们响亮的话语所表达的那种"预定的"情感而激动，否则我们就会培养一些玩弄辞令的空谈家，随便就任何题目都敢大发议论的演说家。①

　　读到这样的话语，我突然意识到，我的那些隐隐的"不舒服"实际上是一种担心：这种热闹的场面不是一种真正的教育，因为没有触及学生的心灵。苏霍姆林斯基旗帜鲜明地反对让孩子参与这样的"祝贺"活动，也反对让孩子扮演成人希望他们扮演的角色，因为孩子在这个过程中，并不知道他们这种扮演的意义和价值，这就等于成人安排了一场戏剧，而孩子们成了其中的一个道具。他们不需要有感情、有思想、有自己的见解，他们要做的只是服从安排。当一群孩子习惯于按照成人的安排去参加活动——往往这样的活动场面又十分宏大，孩子们就会习惯于做一些场面上的事情，习惯于表现一些自己心里未必认可的行为。我们不禁要想，这样的教育究竟在培养什么样的人呢？

　　苏霍姆林斯基结合教育实践中一些常见的现象进行了剖析。有趣的是，这些现象并非20世纪中叶的乌克兰所独有。在我看来，这个场面是那么熟悉：生日庆贺活动正在一个学校大集体宿舍里隆重举行，一个学生正接受所有同学的祝福；班里有六个孩子在同一个月出生，学生们聚集在大厅里，所有在这个月出生的人都坐到光荣席上接受大家祝贺，每个孩子都送上了自己的小礼物……。在苏霍姆林斯基看来，很难想出还有比这种表演更冷漠无情、更愚蠢的事情了。他认为，从教育的角度看，这样庆贺生日，会伤害少年的心灵，会使孩子从童年起就养成为装点门面而组织排场相当大的活动的习惯。我们不禁要想，这样的教育能够触及学生的心灵吗？每一个学生个体生命深处的东西能在这样的场合下全盘端出来吗？如果教育不但不能够触及心灵，反而在学生的心里埋下了虚伪、浮夸、讲究门面的种子，那么作为教师的我们，究竟在做些什么呢？

① 苏霍姆林斯基. 帕夫雷什中学[M]. 赵玮，等译. 北京：教育科学出版社，1983：250.

我开始认真思索这些"祝贺""欢迎"等类似的场面背后的东西。对孩子来说，这样的集体活动毫无教育意义。因为对孩子的教育应根据个体的不同情况进行，就像表扬和批评都不能笼统地在集体中统一进行一样。只有针对个体的教育，才能触及心灵，才具有教育意义。就拿庆祝生日这件事情来说，不论是集体给一个孩子过生日，还是集体给一群同月出生的孩子过生日，着重营造的都是一个热闹的场面，一个集体庆祝的氛围，对于其中某一个过生日的孩子来说，给他过生日和给别的孩子过生日没什么区别，因为在他看来，这只不过就是一项集体活动，而今天的庆祝只不过是"轮到"了他而已。这就使得这种庆祝活动只剩下场面和氛围，它背后的教育意义几乎完全被消解。

为了防止孩子为装点门面而参与活动，苏霍姆林斯基采取了一系列措施。总体来说，他主张对孩子的教育应该还原真实的氛围，体现在具体的行动中，而不是把话停留在口头上，更不是为了做给谁看，要达到什么预期的效果。比如，帕夫雷什中学会在一年级新生入学的第一天举办"首次铃声节"，在毕业生上课的最后一天举办"最后铃声节"。学校多年来形成了一些传统：老校友会晤，母亲节，女孩节，春天的节日——歌节、花节、鸟节，无名英雄纪念日，为最小的小朋友举办新年松树游艺会，首捆庄稼节，新粮面包节，夏季割草节，等等。通过这些丰富多彩的节日活动，我们在感受到"祝贺""喜悦"的同时，更感受到这些节日背后蕴含的教育意义。这些节日不是一个个简单的仪式，而是一个个具体的行动。

在"首次铃声节"上，毕业生给一年级新生赠送题写了赠言的书，把他们在 10 年前入学第一天亲手栽种的树移交给新同学照管，然后，他们共同栽下一棵苹果树苗……

在鸟节上，孩子们把冬天捡来的小鸟放回大自然。当初小鸟被捡来时已是奄奄一息，经过"鸟医院"的精心治疗，经过孩子们的细心照料，这些小鸟恢复了健康。当春天到来时，孩子们依依不舍地把小鸟重新放飞……

我仿佛看到了十年级大朋友拉着一年级小朋友一起栽下一棵苹果树，看到了孩子们放飞小鸟时清澈的眼神，看到了在母亲节上，妈妈们接过孩子们亲手制作的手工艺品和他们培育的鲜花时幸福的笑容，也看到了在女孩节上，女孩子们接过男孩子们赠送的鲜花、图画等礼物时美丽的微笑，我还听到了孩子们在乌克兰漫天的飞雪中一起堆雪人、打雪仗时清脆的笑声……。这一幕幕非常温馨的画面是如此打动我，让我沉迷——教育也可以这样充满魅力！

当我渐渐从这些温馨的画面中走出来，冷静下来时，我再一次思考这些画面背后的教育价值。苏霍姆林斯基把教育价值蕴含在这些丰富多彩的活动中，蕴含在多样的具体行动中。他不盲目追求"盛大""隆重"的场面，而是在点点滴滴、因时而动的活动中引导孩子们去行动，在行动中培育善良的心地，对世间万物的同情与悲悯，对亲人的责任感，把自己的精神财富无私地奉献给学生，让他们感受劳动的快乐，等等。正因为有了具体的行动，有了亲身的参与，教育的价值才在这种行动参与中体现出来，这比任何苦口婆心的说教和盛大隆重的场面都要强得多。

对那种把孩子当道具的教育上的浮夸行为，苏霍姆林斯基十分忧虑。他认为这种形式主义给教育工作带来了极大的危害，它让孩子们做的许多事情没有触及内心，仅在意识表面上滑行。他举例说，甚至连帮助残疾人和病人也变成轮流值班的"措施"，并逐渐成为用打分数来评定好坏的"课程"，在教育中很难找到比这种做法更扭曲儿童心灵的事情了。他担心这种教育上的形式主义"会培养一些玩弄辞令的空谈家，随便就任何题目都敢大发议论的演说家"。仔细想来，这种担心不是多余的。任何时候，我们都应该记住，我们是在培养人，而现在正被我们培养的对象，是一些处在世界观、价值观和人生态度正在建立、形成关键时期的学生，你种下荆棘就会收获荆棘，你种下玫瑰就会收获玫瑰。正如苏霍姆林斯基所说，教育不能成为没有远见的"巫医术"，教师不能成为没有远见、没有文化的"保姆"。

作为一个教育者，我们应该时刻反思自己的行为：我这样做究竟是为了什么？这样做对孩子有教育意义吗？还有很重要的一点，我是否把孩子当成了某种道具？

第四辑

善于创造
成功的
预感

苏霍姆林斯基——

能促使儿童学习的最主要动力，应是对老师的尊敬，对自己能力的信心，对知识的兴趣和求知的渴望。

善于创造成功的预感

　　当我与所有教师一样为了学生的成绩而焦虑、烦躁的时候，为了学生的不争气而失望、苦闷的时候，我总会想到苏霍姆林斯基那些成功的案例。我不断地揣摩、反思，寻找可以突围的路径。虽然苏霍姆林斯基的著作很多，寻找路径不易，但这样的寻找依然让人充满信心，因为我知道，在密林深处，总有一条小径通往我想去的地方⋯⋯

　　在帕夫雷什中学，有一位八年级的教师雷萨克，在他的班上，有 4 名俄语考试总是不及格的学生。在教师看来，可悲的不仅是他们糟糕的学习成绩，还有他们对自己总是不及格感到心安理得。雷萨克决心打穿这堵冷漠的墙，使这些学生树立能够学好俄语的信心。他采取了一系列措施：让 4 名俄语考试总是不及格的学生每天抄写高尔基的长篇小说《母亲》片段，并根据有关规则分析和解释每一个词的正确写法。面对这种完全不同于以往的作业，学生们充满了兴趣。他们看到了来自老师的希望和信心，他们开始订正自己作业本里的错误⋯⋯。坚持了一段时间之后，这 4 名学生在俄语默写中都取得了满意的分数。初步的胜利鼓舞了他们，增强了他们的信心。这些成绩不但对后进生本人，而且对班上其他学生都产生了巨大的影响：

　　他们深信，每一个人都能够要求自己学得更好。在班集体里终于建立了一种努力学习的气氛，否则就谈不到全班的进步。这种努力学习的气氛是整个学生集体的一种重要的情绪状态，他们对今后顺利地完成学习任务有了信心。①

从雷萨克老师的教育经验中我们可以看出，在班集体里创设一种努力学习的气氛有多么重要。当学生集体都浸润在这种蓬勃向上的气氛中时，学生就对完成学习任务有了信心，在这种良好的愿望和信念的支持下，提高学习成绩就不再是一种奢望。而且，随着学习成绩的提高，学生的信心进一步增强，这种信心的增强又反过来促使他们朝着更高的学习目标努力，这就形成了一个不断上升的良性循环。可见，不论是班主任还是任课教师，在整顿班级纪律、严肃班规之前，首先应该考虑的是怎样设法在班集体中营造一种努力学习的美好气氛，让班集体中的每一个学生都能树立信心，都充满学习的愿望——用苏霍姆林斯基的话来说，这就是要在班集体中创造成功的预感。

苏霍姆林斯基认为创造这种成功的预感，是教师在培养学生持久的学习愿望时的一项重要的任务。的确，当一个孩子具有一种持久的学习愿望时，他就能够克服困难和自己身上的惰性，充满信心地投入学习。因为他知道，只要他努力了，美好的目标就在前方等待着他。他相信自己一定能够做得更好。这样的孩子，不会厌学，不会对教师、同学和学校充满怨恨，学习本身成为一件值得期待的美好的事情。

我认识一位黎老师，虽然教龄不到 10 年，可在当地教育界已经很有名气，她是一位十分优秀的班主任，深得家长和孩子的信赖。令人惊奇的是，"乱班""差班"一到她的手里，最终都会走上正轨，不论是孩子的精神面貌还是学习成绩，都令人称道。她所在学校的校长告诉我，黎老师在管理班级方面很有一套。比如，黎老师去年新接手一个四年级班，前面几个学期因教师生病、调动等原因连续换了两次班主任，该班学生

① 苏霍姆林斯基. 给教师的建议[M]. 杜殿坤，译. 北京: 教育科学出版社，1984: 158.

学习成绩差，班风涣散。一提起这个班，每个任课教师都连连摇头。在这种情况下，校长想到了黎老师。黎老师上任之后，只用了半个多学期，这个班的面貌就发生了很大的变化。不少任课教师反映学生开始听课了，再也不用天天催着学生写作业了，学生成绩上升了……

我自然对此充满好奇。校长接着告诉我，黎老师一上任就采取了一系列措施。我仔细询问这些措施，应该说有些措施是比较"常规"的，如加强家校联系、完善班干部机构建设、制订有针对性的班级补课计划等，这些似乎并没有什么出奇之处。反复思考后，校长提到的一个细节慢慢引起了我的注意：黎老师一上任，就在班里开展了一项活动——"我能天天成功"。她让每一个孩子根据自己的实际情况，每天制订一个学习目标，争取"天天成功"。比如，一个每次都在语文生字听写中错误百出的孩子，让他树立一个目标——每次听写减少一个错字；一个每天上学都迟到的孩子，黎老师就与家长建立联系，让这个孩子树立一个目标——每天早起 10 分钟……。只要学生做到了，黎老师就在孩子各自的记录簿上画一张红色的笑脸；假如没有做到，就在相应的位置留下空白。每一个孩子都渴望自己的记录簿上出现更多的笑脸，每一个孩子都渴望"天天成功"。他们就在这样的鼓励和期待中，一天天地成长。我发现，黎老师在管理班级时，有一个非常巧妙的设定，那就是：她不要求学生树立"远大的理想"，不要求学生树立"了不起的目标"，她只要求学生能"天天成功"。孩子不会因为目标过于非凡、理想过于远大而感到渺茫和恐惧，他们相信自己只要努力就一定能够做到。那些"每次听写减少一个错字""每天早起 10 分钟"的小小目标，就在班里营造了一个人人努力、天天成功的美好气氛，这不正是在每一个孩子的心中创造了一种成功的预感吗？创造这种集体的成功预感就是黎老师最可贵的班级管理艺术。

苏霍姆林斯基在 30 多年的教育生涯中，一直坚持在一线教学，不论是在学校管理还是在班级管理方面都积累了丰富的经验。其中，始终帮助学生树立良好的学习愿望，重视在班集体中营造努力学习的气氛，给每一个孩子创造成功的预感，是他最宝贵的经验之一。比如，他从不给孩子打不及格的分数，强调在任何时候都不要急于给孩子打不及格的分数。他认为成功的欢乐是一种巨大的情绪力量，可以增强儿童好好学习的愿望，教师无论如何不要让这种内在的力量消失。如果缺少这种力量，教育上任何巧妙的措施都将无济于事。相反，如果孩子拥有了这种内在的力量，他就会拥有成功的预感，他就能够最终获得成功。这是教育中最巧妙、最易被人忽视的一个方面，我不得不为苏霍姆林斯基高超的教育艺术而叹服。而这一切，都基于一个教师最慈悲的情怀及对孩子高度的尊重和理解。再如，他从不让学习有困难的孩子知道自己比别人差，谴责体罚孩子，给孩子带来心灵的伤害等。他努力维护孩子的自尊，保持孩子的自信以及对他人的信任，从而让每一个孩子都感到成功的大门始终在前面敞开着，老师就在前方等待着他，充满鼓励、信任的目光在注视着他，微笑着向他招手，他就会朝着那暖暖的目光走去，朝着那明亮的微笑走去……

让每一句话都结出果实

我认识一位青年教师，她做班主任只有3年多的时间。有一次聊天时，她忧心忡忡地告诉我，她班里的孩子调皮，尽管她想尽办法和学生搞好关系，但学生就是不信任她，有几个男生还当面跟她顶撞，好几次弄得她下不来台。她说没想到做一个小学班主任这么难，连一群不到10岁的孩子都教育不好。几个学期下来，她的班不但学习成绩在本年级排到最后，连运动会、讲故事比赛等也基本上垫底。她开始怀疑自己的能力，怀疑自己不是做教师的料，更不是做班主任的料……。毕业后刚做教师时的雄心壮志一下子消失得无影无踪。

看着她颓丧的神情，我完全理解她的焦虑和挫败感。作为一个曾经在一线做过近10年班主任的教师，我知道这其中一定出了问题。对于心灵单纯而脆弱的孩子来说，一件很小的事情就足以摧垮原本良好的师生关系。如果这些小小的矛盾没有及时得到化解，师生关系就会渐渐趋于紧张，以致凝结在师生关系上的那层冰变得越来越厚，到那时再重新建立师生间的信任将是一件非常困难的事情。

我慢慢询问她在班级管理中的一些细节，试图从中找到某些线索。渐渐地，从她的谈话中，我开始了解到一些真实情况，笼罩在眼前的那层云雾慢慢散去，我找到了问题的根源所在。

有一次，她答应孩子们挑选一个天气很好的周五下午去春游。孩子们十分高兴，都期盼着那个下午的到来，有的孩子早早地开始准备春游用的食品、帐篷、风筝等，有的孩子天天担心，怕周五下午会下雨，那样春游就去不成了。好不容易盼来了周五，天公作美，阳光灿烂，可她临时改变了主意，因为孩子们最近一次单元测试没考好，她决定把孩子们留下来补课。望着孩子们无比失望的眼神，她有点不忍心，答应他们下周一定去。于是，孩子们重新盼望下一个周五的到来。可下周五那天下起了大雨，她担心安全问题，就又取消了春游计划，孩子们哭了。等她终于下决心带孩子们出去春游的时候，却发现春天已经过去了……

又有一回她突发奇想，答应带班级舞蹈队的孩子们去挑选演出服，孩子们都很兴奋。结果因为那段时间忙于准备一节公开课，她就把这事给耽误了，直到学校汇报演出的前一天晚上，她才匆匆忙忙带领那几个孩子去商店挑选，却发现适合孩子们穿的衣服尺码不全，而现场做已经来不及了。第二天，孩子们只好穿着临时凑来的服装登上舞台……

她常常因为担心自己任教的数学课成绩不好，把体育活动时间统统用来上课；音乐、美术老师若临时有事找她调课，她总是找理由不去归还，以致孩子们一见她走进教室就唉声叹气……

在聆听这些细节的时候，我仔细观察这位青年教师的眼睛。那里既有清清楚楚的焦灼，也有十分真诚的渴望，这是一位有着强烈的责任感但工作方式欠妥的教师。她没有意识到，她不经意的教育行为正是造成她与学生关系僵化的根源，她甚至从来没有怀疑过这些做法有什么不对，因为在她的内心深处，确确实实是本着对学生的爱与责任去思考、去行动的。

在帮助她梳理、反思这些班级管理做法的时候，我想到了苏霍姆林斯基的一句话：

> 要让真理和信任在学校里（同样在家庭里）占据统治地位。要让在学校里所说的每一句话都结出果实，而不是一朵空花……[1]

---

[1] 苏霍姆林斯基.给教师的建议[M].杜殿坤，译.北京：教育科学出版社，1984：359.

这位青年教师在管理班级的过程中，失去了学生对她最基本、最宝贵的信任。正如苏霍姆林斯基所警示的，她说的许多话都没能结出果实，成了一朵又一朵空花。学生一旦不信任教师，尤其是不信任班主任，其巨大的负面作用是难以估量的，它会在班级里形成一种虚伪的、不负责任的氛围，就像不良空气一样充斥在班级的各个角落，造成班级管理上的各种困难。

苏霍姆林斯基十分注重爱护学生对教师的信任。在学生的眼里，教师的话在很大程度上意味着真理，如果学生失去了对教师的信任，就是失去了对真话、真理的信任。教师必须像爱护珍贵的火花一样爱护学生天然的信任教师的心理。否则，任何高明的教育技巧，任何先进的理念，都很难触动儿童的心灵。苏霍姆林斯基在与孩子们的交往中，特别注意在教育的细节中建立与孩子们之间的信任。比如，他一再教育学生见到邪恶的行为要与之作斗争，决不允许背过脸去，决不允许眼睁睁地看着邪恶的行为在自己的眼前发生。因此，当几个孩子发现有人破坏村外的森林时，孩子们马上跑来向苏霍姆林斯基汇报，征求苏霍姆林斯基的意见。苏霍姆林斯基果断地表示，支持孩子们以自己的方式与坏人作斗争。孩子们破坏了那些人砍伐森林的工具，致使他们最终放弃了砍伐，悻悻地逃走了。在这个事例中，苏霍姆林斯基始终以鲜明的态度表明自己的立场，并在最终的行动环节履行了自己曾经说过的话。假如在说教与行动之间，苏霍姆林斯基表现出片刻的犹疑，那么这些热血少年心中会怎么想呢？他们也许会想，原来说是一回事，做又是一回事；原来亲爱的老师平时教育他们的那些话不见得就是真理……。一旦教育中出现这样的情况，师生之间就失去了基本的信任，所有的教育理念、教育方法都将很难奏效。

在这个事例中，苏霍姆林斯基表现出一个教育者坚定的教育信念：通过活生生的、具体的实践与行动把那些灌输到孩子心中的真话与真理落到实处。只有落到实处，那些真话与真理才会真正在孩子的心里扎下根来，融入孩子的生命。而要真正做到这一点，除了把真话与真理告诉孩子，教师还必须在落到实处的过程中非常注意那些十分细腻的地方，毕竟，我们面对的是如此容易受到伤害的稚嫩的心灵。

一位姓张的教师朋友告诉我，小学时的一个班主任给她留下了深刻的印象，确切地说，那是一种十分强烈的刺激，以致在很多年之后，甚至当她也做了教师，做了班主任，她依然不能平静。记忆中的班主任是一个年轻漂亮的女老师，她教语文，又能唱会跳，在那所农村学校堪称佼佼者。按说这位朋友该感到幸运才是，但后来发生的一件事却深深地伤害了她。事情大概是这样的：老师平时教育孩子们，见了师长要主动打招呼；师长在讲话时不可随意插嘴，否则就是没有礼貌。小张当然想做一个有礼貌的好孩子，于是，见了师长主动打招呼，师长讲话时她注意不插嘴……。可有一回她却犯难了。那是在学校门口，班主任正和另一个老师讲话，看到这一幕，小张主动停下来，想跟老师打招呼，但又想老师正在说话，打断老师说话是不对的。于是，她就站在旁边等，等着她们把话说完，她就好打招呼了。可是，她们好像总也说不完，直到上课铃响了，小张顾不上打招呼，急忙跑进了学校大门。一个不到 10 岁的孩子，哪会把这件小事放在心上呢？她很快忘记了这件事。可第二周的班会课上，班主任十分严肃地指出，有的同学在学校门口见了老师不主动打招呼，还故意偷听老师讲话……，说着，她的眼睛朝小张坐的位置扫了过来。同学们顺着老师的目光也朝她看了过来。她的心怦怦地跳着，一股强烈的委屈淹没了她，眼泪一下子涌了上来……，她受到了深深的伤害。从此，美丽的老师在她的眼里变了模样，她很难再像过去那样信任她，对她产生亲近感。

很多年过去了，张老师回忆小时候发生的这一幕，虽然她微笑着，却有一种淡淡的忧伤。她告诉我，让一个孩子信任老师很容易，孩子对老师的亲近与信任几乎是天然的，但毁掉这种信任也很容易，因为孩子的心灵是透明且脆弱的玻璃做的，哪怕是一丝一毫的不小心、不在意，它都会破碎……

苏霍姆林斯基曾讲过一个男孩科里亚的故事。老师号召孩子们去森林中收集橡树籽，说要打造一片橡树林。科里亚十分兴奋，他跑到森林里，收集了整整一麻袋橡树籽。他渴望像老师说的那样，用这些橡树籽种出好大一片绿油油的橡树林。可是，漫长的冬天过去了，直到春天来临，科里亚却在无意中发现，他辛辛苦苦收集来的橡树籽并没有被种下去，那只麻袋被老师随意地扔在储藏室的角落里。看到这一幕，科里亚一句话都说不出来……

正如苏霍姆林斯基所说，成年人的冷漠，会扑灭孩子心中对真和善的火热愿望。要让真理在学校取得胜利，教师就必须把自己对学生讲的道理化为具体的行动。让教师说出的每一句话、每一个道理都结出果实，这是一个重要的教育原则。

让美融入学生的生命

　　每当夏季静静地来临时，苏霍姆林斯基都喜欢与孩子们一起坐在草原的山岗上看日落。他们常常一连几天都来到草原上聆听鸟叫，似乎总有一种奇异的东西吸引着他们的注意力。当火红的太阳落到地平线上，蔚蓝的天空中出现一缕轻纱似的白云，而这缕白云几乎和前两天看到的一模一样时，孩子们迷惑了，黑眼睛的小男孩米什科好奇地询问苏霍姆林斯基：“今天的云与昨天看到的云是同一朵吗？”当听到苏霍姆林斯基否定的答复时，蓝眼睛的小女孩瓦利娅接着问：“那昨天的那朵云到哪里去了呢？”

　　与其说我沉醉在这样的文字中，不如说我沉醉在这样的场景中。面对大自然的美，孩子们感到惊讶、迷惑，他们在思考、成长，感受生命的短暂和永恒，苏霍姆林斯基就是这样让美悄悄地融入孩子们的生命。在米什科和瓦利娅的眼中，生命就是这样慢慢地揭开面纱，展露美丽的容颜。而帮助他们感受到这一切的，是他们的老师苏霍姆林斯基：

　　　　人之成为人，是由于他听到了树叶的飒飒低语和草虫的悦耳歌唱、春日小溪的潺潺流水和夏日碧空的百灵啼啭、雪花的沙沙飘落和窗外暴风雪的狂呼怒卷、水波的柔和拍击和深夜的肃穆寂静，——听到了，而且千百年都在倾听这生活的奇妙音乐。你要学会倾听这音乐，学会欣赏它的美妙。①

---

① 苏霍姆林斯基. 帕夫雷什中学[M]. 赵玮，等译. 北京：教育科学出版社，1983：436.

在苏霍姆林斯基看来，美应该成为生命的一部分，美是滋润善良、热诚和爱情的一条小溪，可以唤醒孩子心灵中对有生命的、美的东西的关心。作为教师，使孩子感受到唤醒大自然中的生命是一个很大的秘密，这是一件有着巨大教育意义的事情。他认为教师有责任带领孩子们去感受美，去欣赏春天第一批花朵的开放、幼芽的萌发，去观察第一批嫩草破土，去追寻第一只蝴蝶飞舞，去聆听第一声蛙鸣与第一声春雷，去发现天空中第一只春燕飞来与麻雀的第一次春浴……。当这一切展现在孩子们面前时，他们就受到了这种美的感染，他们所受到的感染越深刻，创造美的欲望就越强烈。

阅读苏霍姆林斯基的著作，我们可以看到大量关于"美疗"的案例。"美疗"既是苏霍姆林斯基教育思想的精华，也是他做班主任工作，尤其在教育"问题生"方面极其重要的创造。我们看到他大多数关于"问题生"的教育案例都是"美疗"的典范。除了大自然，书籍、音乐、美术等都可以成为实施"美疗"的工具。我再一次想到了那部著名的法国电影《放牛班的春天》，马修老师正是利用了自己在音乐方面的特长（他曾是一个音乐家），把一个乱糟糟的班、一群出现了各种问题的孩子引入音乐的殿堂——他成立了一个少年合唱团，亲自写歌，指挥孩子们演唱。我总是迷醉地看着他们歌唱时那天使般的面庞，屏住呼吸聆听那天籁般的声音，他们无数次地打动了我，让我在感受马修老师的智慧与慈悲的同时，也感受到了音乐的力量：美就这样融入了那样一群看似无可救药的孩子的心灵，在音乐的熏染下，孩子们不羁的眼神开始变得宁静了，心中的敌意在慢慢消失……

让美成为一种强有力的教育手段，让美融入学生的生命，苏霍姆林斯基做了大量的尝试和探索。

他主张以天地为课堂，充分运用大自然的美来帮助孩子们认识世界，训练思维，开启智慧。在炎热的夏季，他带领孩子们到森林里去旅行，感受森林的黄昏，寻找人们从未涉足的角落。孩子们屏息静听森林中野鸽子的歌声，树叶簌簌的响声，还有小溪的潺潺流水声……。苏霍姆林斯基给孩子们讲述森林里的泉源、泉水和神秘的森林生活，语言作为最宝贵的精神财富也就在这种情况下进入少年们的心灵和情感记忆里。他不能设想如果没有带孩子们到家乡各处去旅行和参观，没有对自然景色的观察和体验，没有试着用词句来表达自己的情感，教师能够进行语言教学。他认为脱离大自然的语言教学与思维训练都是不可能成功的。在河岸边，在田野里，在夜间的篝火旁，在灿烂的星空下，在淅沥的秋雨中，在大雪纷飞的冬夜，他教给孩子们怎样用恰当的词汇表达他们的观察和思想。他们曾经饶有兴味地观察一棵覆盖着白雪的松树，发现它在晚霞的照耀下魔术般的色彩变幻：时而呈淡淡的粉红色，时而变为橘红色，一会儿又呈绛红色，然后又变为紫蓝色……。孩子们兴致勃勃地编起了小诗描绘眼前的景象，他们用自己的语言和神奇的想象展现出丰富的精神世界。苏霍姆林斯基常常焦急地等待着大地回春，因为在学校的果园里和教学园地上，有许多试验正在进行，还栽培着数十种粮食作物和果木，而这些工作只有在春天才能得到验证……

苏霍姆林斯基喜欢给孩子们朗读文学作品。在讲述这些作品的时候，他为孩子们分析那些优秀作品的潜台词和哲理性，让孩子们领略那些蕴藏在作品中的精微的思想和艺术感染力。

苏霍姆林斯基与孩子们一起欣赏音乐，把音乐作为帮助孩子们认识感情语言的手段，使听音乐成为孩子们的精神需求。在许多个秋天与冬天漫长的夜晚，他带领孩子们欣赏乌克兰民歌。孩子们聚精会神地聆听《巍巍屹立的高山》，既感受到了大自然的美好与永恒，也感受到了流逝的岁月和淡淡的忧伤。他把柯利亚、米沙以及另外几个难教育的少年邀请到音乐室里，一起欣赏格里格、柴可夫斯基和西比利乌斯的作品，实施"音乐疗法"。

苏霍姆林斯基与孩子们一起欣赏美术作品。他带领孩子们欣赏达·芬奇的《蒙娜丽莎》和拉斐尔的《拿着花的圣母》《西斯廷圣母》，帮助孩子体验人类感情的美，他认为这能帮助还处于世界观确立时期的少年们感受到人们内在的美。他甚至在给孩子们朗读《安娜·卡列尼娜》和《战争与和平》的时候，把列夫·托尔斯泰的画像放在孩子们面前，使孩子们看到托尔斯泰脸上焕发出的智慧与安详。

此外，苏霍姆林斯基还通过戏剧创作丰富孩子们的精神生活。他带领孩子们成立了童话剧团和木偶剧团，和他们一起排练各种节目，而孩子们最感兴趣的是揭示人与人之间道德关系的童话。

…………

事实上，我们身边许多优秀教师与苏霍姆林斯基、马修老师一样，都在有意无意中将美视为一种强有力的教育手段。江老师是一位中学数学教师，也是一位班主任。虽是教数学的，可他却有着连一般语文教师都没有的优势——播音员般的嗓音，纯正的普通话。虽已人到中年，却依然魅力不减。由于具备这个天然优势，他喜欢朗诵，而且也喜欢教班里的男孩女孩朗诵，每周组织学生们开展两次朗诵活动。在学校的新年联欢会上，他带领班里的男孩女孩朗诵了朱自清的散文《荷塘月色》，技惊四座，一鸣惊人。从此以后，他和他的班就在学校出了名，有同事要上公开课，尤其是语文公开课，都喜欢借他的班。凡是在他这个班任课的教师都有种感觉：这个班的学生落落大方，理解能力强，善于表达，不论是口头表达还是书面表达，都表现出良好的语言组织能力。我想，虽然这些并不一定完全是经常朗诵的功劳，但江老师通过组织学生朗诵优秀文学作品来陶冶学生的情操，借此让学生感受美、表现美，丰富了学生的精神生活，培育了他们良好的精神面貌，却是毋庸置疑的。

有一所学校以艺术教育驰名，学校师生艺术团曾出访多个国家，小演员们多次在电视台上表演节目，有的长大后成为很有名气的演员。学校成立了各种艺术小团体，为了演出的需要，各团体每天都保证有一个小时的排练时间。这对于在校时间不准超过6个小时的学生来说，是个不小的压力。但是，学校艺术团的小演员换了一茬又一茬，却没有一个孩子因为排练节目而耽误学习，相反，艺术团中的很多孩子学习成绩都在班里名列前茅。我想，正是由于接受了艺术方面长期的系统化训练，使得艺术团的孩子变得格外聪明，学习效率极高，艺术训练对文化课的学习反而起到了促进作用。不能不说，美开启了孩子的智慧。

几年前，我曾经参观过一所学校，这所学校的每个孩子都会剪纸。剪纸是中华传统文化的一个组成部分，孩子们非常喜爱，并有许多令人惊喜的创造。我在这所学校的走廊上，每间教室的墙面上，每一扇玻璃窗上，甚至洗手间的门上，都看到了孩子们的剪纸作品。这些作品有的取材于中国民间传说，有的取材于《西游记》等古典名著，还有的是各种动植物，色彩各异，图案复杂而精美，令人难以置信的是皆出自儿童之手。我这个笨手笨脚的人，在这样的作品面前唯有感叹、羡慕。我想，与其说孩子们在动手裁剪这些美丽的图案，不如说他们在用自己的双手和智慧创造更美好的生活。

尝试着让美融入孩子的生命吧，我们将看到美会作为一种回报呈现在我们面前。

阅读是孩子的精神需要

　　　　无限相信书籍的教育力量，是我教育信念的一个信条。[①]

　　让学生爱上书籍，终生与书籍为伴，是苏霍姆林斯基教育思想的一个重要组成部分。他认为如果少年没有自己心爱的书和喜爱的作家，那么他们完满的、全面的发展就是不可能的。在苏霍姆林斯基的著作中，我们可以看到大量关于他引导孩子、教师和家长爱上阅读的案例。

　　苏霍姆林斯基喜欢给孩子们朗读童话、诗歌，还有自己创作的一些小故事。白天，他们一起到瓜园、果园里劳动；黄昏，他们一起坐在铺满落叶的树林深处，枝叶飒飒作响，微风轻轻吹拂，夕阳洒在如茵的草地上。孩子们听得那么入神，大家一起编故事，写诗歌，一起感受大自然的美，感受语言创造的美。不知何时，星星悄悄出现在深蓝的夜空中，他们仰起头，一起感叹宇宙的无限和永恒。

　　十二月的黄昏，天黑得很早，苏霍姆林斯基给孩子们朗诵了高尔基的童话《伊席吉尔婆婆》，使托利亚和尼娜从痛苦的深渊中解放出来，让他们认识到，邪恶不可能取得胜利，善是存在的，善一定会取得胜利。他给孩子们讲述屠格涅夫的《白净草原》，孩子们产生了这样的愿望：到大自然中去，关注那些早已习以为常的美。在第聂伯河畔的橡树林里，

---

① 苏霍姆林斯基. 我的教育信念[M]. 刘伦振，译//蔡汀，等. 苏霍姆林斯基选集：第5卷. 北京：教育科学出版社，2001：580.

空气中弥漫着庄严的肃穆，苏霍姆林斯基给孩子们朗读了普希金的短诗《我在喧嚣的大街上徘徊》，孩子们被深深地感动，他们体会到人的感情的伟大和美、人的欢乐和悲伤，并认识到人想认识世界和认识自身的愿望。苏霍姆林斯基希望当他把这样的词一个一个地注入学生心灵的时候，他们会变得温柔、优雅，富有同情心。

他向孩子们开放他的藏书室，让孩子们在那里找到自己喜爱的书。他激发起孩子们面对知识海洋的惊奇感，在他们面前打开了一扇明亮的窗子。他也鼓励孩子们要有家庭藏书，要不断补充新的图书，还鼓励帕夫雷什中学的每一位教师都要热爱读书，把图书作为与学生精神交往的重要媒介。

他和帕夫雷什中学的教师们一起，指导孩子们举办诗歌朗诵会，欣赏经典音乐作品。他通过辩论赛、语文节等形式把孩子们引入一个充满语言美感和精神美感的世界。

在苏霍姆林斯基和孩子们一起动手布置的奇妙的童话室里，孩子们听苏霍姆林斯基讲述安徒生的《雪皇后》：初冬的暮色笼罩着大地，小房子里亮起灯火，照亮了童话室里孩子们自己动手布置的故事场景——高耸的山岩，奇异的宫殿，还有快腿鹿和雪堆。窗外，空中飘起了雪花；童话室里，孩子们屏气凝神地听老师讲那个雪皇后的故事。

在我看来，这本身就是一个童话，一个关于教育的童话。而苏霍姆林斯基和他的孩子们天天都在上演这个童话。他们一起读完了安徒生、托尔斯泰、乌申斯基、格林兄弟等作家写的所有童话故事，他们还集体编写、表演童话故事。苏霍姆林斯基给孩子们讲述的这些童话故事，他全部都能背诵出来，把书带来只不过是要孩子们看看那些插图而已。从这些故事中，孩子们感受到了语言的美，领略到了词汇的丰富与运用，看到了语言中那些最细腻的色彩。而在这些美丽的语言所表现的美丽的故事中，善与恶、真理与谬误、诚实与虚伪，都化作滋润孩子们心灵的泉水，成为孩子们道德信念中最宝贵的个人财富。这就是最初的思想教育。只有当思想体现在童话所展现的鲜明的形象世界中时，儿童才能理解它，进而接受它。

正是因为看到了书籍对青少年精神世界的重大影响，苏霍姆林斯基才一直致力于尽量使每个孩子都有心爱的书，并指导他反复阅读这些书。他的学生费佳在阅读中不再自以为是，季娜在阅读中明白了人要在死后留下深深的痕迹，而沃洛佳则在阅读中克服了精神空虚……。孩子们就是这样与他们喜爱的书本相遇，这种美丽的相遇改变了他们，书籍成为照亮他们前方道路的火把。

关于如何让书籍进入孩子们的生活，如何让阅读书籍成为孩子们的精神需要，苏霍姆林斯基向班主任提出了这样的建议：

> 如果你被指定担任五年级的班主任，那你一定要把培养学生的这种精神需要作为自己的主要任务之一。你要列出一张你的学生在中学时期应当阅读的书目，并且要设法使本班的小图书馆里有这些书。①

苏霍姆林斯基认为让阅读书籍成为孩子们的精神需要是班主任的主要工作任务，这自然不只是针对五年级班主任提出的建议。事实上，苏霍姆林斯基从自身做起，要求帕夫雷什中学的每一个教师都要善于把学生引入书籍的世界，让他们在阅读中开启智慧，受到真善美的熏陶。全校教师编制了一个《童年、少年和青年时期阅读的好书目录》，其中选择了专门供学生在中小学阶段阅读的最宝贵的书籍。此外，他也要求每一个家庭都建立藏书室，因为他在多年的教育实践中发现，家庭教育的贫乏和缺少教养在很多时候是因为缺乏阅读所致。他在研究了 460 个违

---

① 苏霍姆林斯基. 给教师的建议[M]. 杜殿坤，译. 北京：教育科学出版社，1984：67.

法少年和犯罪少年的家庭之后发现，犯罪手段越是惨无人道、残忍无情、动作笨拙，犯罪者的家庭越是缺乏智力上、美学上和道德上的追求，且他们的家里都没有藏书。

尤其是对那些智力发展有障碍的学生进行教育，他认为不能靠没完没了地补课，也不能靠没完没了地做习题，而应该通过大量的阅读开启智慧，让他们学会思考；对那些在精神上受到过伤害的孩子，他认为阅读是治疗心灵创伤的重要手段之一……

跟苏霍姆林斯基一样，我们周围许多优秀的班主任都十分重视借助书籍的力量对学生进行教育。有一位班主任给孩子们读了一本适合低年级儿童阅读的绘本——菲比·吉尔曼的《爷爷一定有办法》，孩子们深深地被故事吸引住了：

约瑟很小的时候，爷爷给他织了一条毯子。后来毯子破旧了，妈妈想把它扔掉。约瑟说，爷爷一定有办法！果然，爷爷说，这些材料还够做一件外套，于是就把毯子改成了一件外套给约瑟穿上。后来外套也破旧了，妈妈又想把外套扔掉，可约瑟又说，爷爷一定有办法！果然，爷爷说，这些材料还够做一件背心，于是又把外套改成了背心。就这样，背心变成了领带，领带变成了手绢，手绢变成了纽扣，直到后来，纽扣在约瑟玩耍时不慎丢失。

妈妈说，约瑟，即使是爷爷也不能无中生有啊！

约瑟说，爷爷一定有办法！

可爷爷也摇摇头：约瑟，你妈妈说得没错……

第二天，约瑟来到了学校，在练习簿上写下了这样的话："这些材料还够——写一个奇妙的故事……"

这个故事的结尾让人拍案叫绝，任何一个读者都会为书中所表现的惊人的想象力和创造力而深深折服。这本书向孩子们传达了一种力量，那是一种自由的想象和创造的力量。它让孩子们明白，在任何时候，我们都可以想象，都可以创造。即使一无所有，我们还是可以展开思想的翅膀，自由地想象和创造。

一位班主任与孩子们一起读林海音的《城南旧事》，孩子们的眼睛里满含着笑：

"爸，什么叫作贼？"

"贼？"爸爸奇怪地望着我，"偷人东西的就叫贼。"

"贼是什么样子？"

"人的样子呀！一个鼻子俩眼睛。"

"妈，贼偷了东西，他放到哪里去呢？"

"把那些东西卖给专收贼赃的人。"

"收贼赃的人什么样儿？"

"人都是一个样儿，谁脑门子上也没刻着哪个是贼，哪个又不是。"

"所以我不明白！"

在这样的阅读中，孩子们不一定受到了所谓高尚品质的教育，也不一定从中得到了某种声泪俱下的感动，但孩子们获得了阅读的快乐，他们会在阅读中感到那种奇妙的心灵沟通与共鸣，而这正是在孩子们的心中埋下了热爱阅读的种子，使之成为一种无法割舍的精神需要。正如苏霍姆林斯基所说，一个在普希金、海涅的诗歌熏陶下成长的人，是不可能成为粗暴无礼和恬不知耻的人的。

让每一个孩子都找到自己的美好领域

苏霍姆林斯基曾充满自豪地描述一个新生眼中的帕夫雷什中学："一个新来的学生第一眼所看到的，就是一片创造性劳动的气氛。"虽然一年级的小学生对这一切还不是十分了解，但他能感觉到这种充满激情的气氛，也会乐于加入其中，与高年级同学一样开始参与各种劳动。

的确，在帕夫雷什中学，每一个孩子都在从事各种创造性的劳动，而且乐此不疲。学校里有许多课外活动小组，如无线电工小组、生物化学小组、土壤学小组、陶器制作小组，等等。每一个孩子都有自己的课外活动小组，每一个孩子都在这些课外活动小组中找到了乐趣，发现并发展了自己的禀赋和才能。

在苏霍姆林斯基的著作中，大量的案例能够证明这一点。一个叫维佳的四年级学生参加了少年养畜者小组。他在与高年级同学的共同劳动中，学会了制作含有丰富维生素的干草饲料，并用这种饲料去喂生病的小牛，小牛很快就恢复了健康。后来，他又学会了制作含有丰富蛋白质的饲料，吃了这种饲料的母牛，产奶量明显提高。再后来，维佳又对抗生素在畜牧业中的实际应用产生了兴趣，他开始独立探索抗生素的成活有没有一种新环境和新方法……。中学毕业后，维佳考进了农学院，确立了一生的爱好与职业方向。

维佳是帕夫雷什中学一个极其普通的孩子，他的成长反映了苏霍姆林斯基一贯的教育思想：

学校生活的智力丰富性，在大多数情况下取决于能不能把智力活动和体力劳动密切结合起来。早在童年时代，我的学生们就看到，在一些小型的劳动集体——课外的技术小组和农业小组里，充满着一种多么丰富的智力生活。[①]

正因为苏霍姆林斯基极其注重课外活动小组，认为这是教育学生的一种重要形式，因此，他和他的同事们总是设法引导每一个学生都参与课外活动小组的活动，使每一个学生都能在一段较长的时间内发现自己的禀赋和能力，在具体的事情中表现自己的爱好，找到自己心爱的工作。在这样的小组活动中，孩子们都找到了自己热爱的美好领域。而这，正是课外活动小组的教育价值所在。

也许有人会说，苏霍姆林斯基所处的 20 世纪中叶的乌克兰与我国现在的教育大环境不一样，他所任教的帕夫雷什中学是一所农村学校，本身就提供了许多我们很难相比的极其丰富的教育资源。其实，这正是苏霍姆林斯基教育实践中最鲜活、最具创造性的组成部分之一。他充分利用现有条件，发挥每一个教师和学生的创造性和积极性，让他们成立课外活动小组，并参与课外活动小组中那些与生活紧密相关的活动，让每一个在帕夫雷什中学就读的孩子都能最大限度地发现并发展自己的禀赋和能力。我们完全可以借鉴苏霍姆林斯基的这一经验，利用自己所在学校、所教班级的优势和资源，成立属于我们的课外活动小组，让孩子们都能参与进去，并在这个过程中找到自己的位置。事实上，目前我国许多学校开设了各种拓展性选修课程，如果能够少一些功利之心，更多地从学生的兴趣出发去研发、实施这些课程，那这些课程就与帕夫雷什中学的课外活动小组有了相似之处。

---

① 苏霍姆林斯基.给教师的建议[M].杜殿坤，译.北京：教育科学出版社，1984：241.

张老师作为班主任，从学生一年级入学的时候，便组织一些有趣的活动，如踢毽子比赛、讲童话故事、朗诵诗歌，等等，吸引小朋友参与。在小朋友参与这些活动的过程中，她就细心观察，了解每一个小朋友的兴趣、特长，发现每一个小朋友潜在的天赋，然后把他们编入他们喜欢的课外活动小组中去。很快，大多数孩子都加入了课外活动小组，但一个叫强强的小朋友却似乎没有找到合适的课外活动小组。强强是一个说话有点结巴的孩子。那天，当他第一次在班里结结巴巴发言时，小朋友发现了他的这个缺陷，都笑了起来。虽然张老师很快批评了笑话强强的小朋友，但强强还是受到了伤害——他从此再不肯举手发言了。这种情绪又影响了他的学习成绩，后来，他似乎对什么都不感兴趣了。

　　张老师意识到，必须把强强从这种自卑、消极的负面情绪中拯救出来，帮助他走出心理的阴影，同时配合家长消除强强的口头表达障碍。否则，随着时间的流逝，对强强的帮助将会越来越困难。她知道，首要的工作是帮助强强战胜自卑，打开心扉。张老师决定从强强感兴趣的地方入手。于是她开始仔细观察强强，看他对什么感兴趣。强强不肯在公开场合大声讲话，张老师就私下与强强聊天，每次都耐心等强强把话说完，从不打断强强说话。渐渐地，强强开始不害怕与老师说话了，消除了紧张情绪，说话也流利了许多。有一次，强强饶有兴趣地跟张老师提到家里养的一只小白鼠，绘声绘色地描述小白鼠的样子和生活习性。望着强强脸上的微笑和闪亮的眼睛，张老师灵机一动，想到班里还有一些小朋友家里也养了宠物，就请强强牵头，成立一个"爱宠物小组"，由强强担任小组长，每天观察自己家里的小动物，并记录它的体温、饮食、睡眠等情况，在小组中交流。强强十分喜爱这项工作，与同学的交流多了，同学们不再对他的表达障碍感到好奇，他自己也常常忘记了说话结巴这件事，表达越来越流利。更让同学们佩服的是，强强接受张老师的建议，在同学们的帮助下，把"爱宠物小组"中每一个同学的观察记录都做了整理，发现了不同的小动物喜欢的食物、适应的气温、需要的睡眠时间等都很不一样。一年级结束时，强强代表"爱宠物小组"将自己的发现在全班进行了分享，尽管他的口头表达障碍还没有完全消除，但与刚入学的时候相比，无疑进步了许多。望着强强脸上开心的笑容，张老师欣喜地意识到，她终于帮助强强走出了自卑和封闭，强强一定会成长得越来越好。果然，二年级结束时，强强基本上克服了说话结巴的毛病，性格开朗多了，学习成绩也进步了许多。

在这个教育案例中，张老师对强强的帮助无疑更多地体现在心理上。她凭借一个优秀班主任的爱心和洞察力，帮助强强找到了自己热爱的美好领域，引导强强在喜爱的课外活动小组中找到自己的位置，看到自己的能力，从而树立自信，走出自闭与自卑。虽然强强的情况比较特殊，只是个案，但对每一个孩子的教育不都是个案吗？当我们承认教育是面向活生生的生命个体，当我们带着一份慈悲之心去面对每一个孩子的成长时，我们又怎么能不去重视这每一个个案呢？我们可以设想，如果因为结巴而天生不那么幸运的强强更加不幸运——没有遇到像张老师这样的班主任，他的人生将是怎样一番景象呢？一个优秀的班主任就是这样可以影响孩子的一生！

我又想到了那部著名的法国电影《放牛班的春天》。那个来自单亲家庭、被前任老师称作有着天使般面庞、魔鬼般心肠，有着上苍赐予的美妙嗓音的男孩皮埃尔，他也与强强一样拥有足够的幸运，遇到了一位真正的教师——马修。马修老师让垂头丧气、破罐子破摔的皮埃尔加入了合唱团，并在合唱团里担任了领唱。皮埃尔的音乐天赋得到了充分发挥，他开始跌跌撞撞地走上了一条迷人的道路……。在皮埃尔的成长中，马修老师正是在他组织的合唱团活动中发现了皮埃尔的天赋——这也是一种课外活动，把皮埃尔从自暴自弃的边缘拉了回来。多年之后，皮埃尔含着眼泪追忆着马修老师的一生，追忆着在学校度过的那段难忘的岁月，此时，他已是一个卓有成就的音乐指挥家。一个优秀的教师就是这样可以决定孩子的一生！

在阅读苏霍姆林斯基著作的日子里，我不断地想象着那一幕幕美好的场景：教生物学和化学的女教师 E.E. 科罗米依琴柯，在牧场的实验室里与孩子们一起研究抗生素对动物发育的影响，每一个少年饲养员都心满意足地照料动物，配制饲料；无线电工作室里挤满了来自各个年级的孩子，他们在一起制作电子管收音机，设计无线电控制的航空模型；在学校的陶器工厂里，孩子们做器皿、泥塑，给学校木偶剧团做各种各样的小玩偶……。正如苏霍姆林斯基所说，这是一些把智力活动和体力活动密切结合起来的课外活动小组，每一个孩子都在这里找到了自己的位置，找到了自己热爱的美好领域，他们在这里第一次看到了自己身上蕴含的能量与无穷的奥秘。

我总是那么喜爱读这些故事，喜爱想象这些美好的教育场景。这些故事和场景以鲜活的人的成长与教育过程告诉我们，只要教师本着一颗真正的爱孩子的心，就一定能够了解孩子，帮助孩子找到那条道路。也许这个过程十分复杂，也并非一蹴而就，但对于孩子一生的成长来说，这却是至关重要的几步。我们有责任引导孩子走好这几步。帮助孩子的途径当然是多样的，在苏霍姆林斯基的教育体系中，组织多种课外活动小组便是其中很重要的一个途径。组织多种课外活动小组，就是给孩子提供多种机会去发现自己、寻找自己，就是给我们的教育工作提供更多的空间和回旋的余地。毕竟，每一个生命个体都是唯一的，对每一个生命个体的教育只能选择适合他的这一种方式，而找到"这一种"方式是教师的职责。

让我们尽可能地、千方百计地试一试，帮助孩子找到自己热爱的美好领域吧！

死亡教育是不能避免的生活逻辑

　　某天，我应邀来到一所学校，给小学四年级的孩子们上作文课——说说我的愿望。话题是孩子们喜欢的，图片是孩子们喜欢的，文字也是孩子们喜欢的。在美好轻松的气氛中，我请孩子们把美好的愿望写在瓶中的信里，并且说一说最希望一个怎样的人收到自己的瓶中信。

　　一个小男孩站了起来："我希望两位老人捡到我的瓶中信，他们是我的爷爷奶奶。他们在我还没出生的时候就去世了，我从来没见过他们……"说着，他的声音哽咽了，眼里流出了泪水。我有些意外，忍不住抱住他，轻声安慰他，帮他把泪水擦掉。可男孩的眼泪还是不断涌出来。这时，我看见他旁边一个秀气的小女孩也趴在桌上哭起来了……

　　这些刚才还在谈论自己美好愿望的孩子，此时个个一脸沉重，礼堂里那种欢乐轻松的气氛消失得无影无踪。我希望能够把他们从这种沉重的气氛中唤回来。这样的课堂不是我所希望的。可我似乎已经无法控制局面，孩子们情感与记忆的闸门已经打开了……。又一个男孩读了自己刚刚写下的一段话："我希望我的瓶中信能被一个小男孩收到，他是我的小弟弟，在一场大火中死了，我希望他收到我的信，和我一起玩，就像他还活着一样……"男孩已经哭得读不下去了，而我也在泪眼模糊中看到几乎一半的孩子都在流泪……

　　顿时，我感到十分愧疚：我究竟做了什么，让他们在这个美好的春日坠入最沉痛的记忆中。是我让他们在美好的愿望中放飞幻想，又是我把他们拉回了沉重的现实。我多么希望做出这种事的人不是我！

在我无力的安慰与抱歉中，课草草结束。面对这样一群如此纯朴、真挚的孩子，我能做的只有安慰与抱歉。

尽管孩子们只有十来岁，但他们已经初步理解死亡的概念。的确，对孩子们来说，死亡就是一种可怕的、令人悲伤的情感体验……

近几年，关于死亡教育的话题多了起来。我认为这是一件好事。毕竟，死亡是一个谁也无法绕过去的命题，对孩子们来说也不例外。我曾在一家电视台看过一个直播节目，那是一场关于死亡教育的现场辩论赛：对孩子进行死亡教育，你是赞成还是反对？

在观看这个节目的过程中，我一直在想，现在不是应该讨论要不要进行死亡教育的问题，而是如何进行死亡教育的问题。道理非常简单，死亡是摆在每一个孩子面前的绕不过去的主题，即使你有意不在孩子面前提到死亡，但在生活中死亡依然存在：孩子会看到祖父祖母的死亡，他喂养的小狗、小猫会死亡，一片叶子落下来，那也是死亡……。既然死亡在孩子的生活中是一个客观存在的事实，那么我们就不能绕过这个事实去讨论对孩子的教育问题，我们应该讨论的是如何让孩子理解死亡，从而更加珍爱生命。因此，"对孩子进行死亡教育，你是赞成还是反对"这本来就是一个伪辩题。是否对孩子进行死亡教育，不存在赞成与反对的选择，而应该在承认事实的前提下讨论死亡教育的策略和方式方法。

作为一个伟大的教育家，苏霍姆林斯基也非常注重对学生进行死亡教育，认为绝不能拒绝对孩子进行死亡教育：

> 我绝对相信，儿童的心灵碰到亲人的死，那种不幸的感受，不仅会唤起生活的欢乐，去渴望生活，而且能以新的目光综观世界。[1]

---

① 苏霍姆林斯基. 怎样培养真正的人[M]. 蔡汀，译//蔡汀，等. 苏霍姆林斯基选集：第2卷. 北京：教育科学出版社，1992：251.

在苏霍姆林斯基看来，死亡可以帮助孩子唤起对生命的热爱，他将因此对自己生活的这个世界有更新的认识。正因为每个人都会死亡，因此，他认为绝不能使孩子免受生活逻辑本身带来的不可避免的撞击，而应当据此激起他对生活的思考。对孩子来说，自己的亲人、朋友死了，这是难以慰藉的痛苦，是无法弥补的损失，但这种不幸，不仅要求你心中永远怀念死者，而且要求你学会刚强。

一个叫柯斯佳的孩子，突然在一天早晨十分慌乱地找到苏霍姆林斯基，眼神里流露出痛苦的神色——原来他突然发现，在一百年之后，他的老师、同学，包括他自己，都将死亡，他不知道这是为什么，他不明白现在活着还有什么意义。苏霍姆林斯基与他进行了长时间的谈话，他们一起谈生活，谈劳动，谈人们应该在这个世界上留下自己的痕迹。在那一瞬间，苏霍姆林斯基又一次感到一个教育者为呵护学生心灵所担负的责任。孩子们开始展开对死亡的思考，这是一件非常自然的事情，回避这种思考是很不明智的做法。因此，我也非常赞成这样的观点：死亡教育应该是个非常自然的过程。

但很多时候，我们没有把死亡教育看成是一个非常自然的过程，在对学生进行死亡教育的过程中暴露出极端的无知。很多所谓的死亡教育在前期没有任何对"死亡"进行介入的前提下，采取了一些非常极端的措施。比如：让学生写遗书，让孩子想象亲人死亡后的情景，把幼儿园的孩子带到墓地，把小学生带到殡仪馆去了解尸体的火化过程等，这些已经不是死亡教育。死亡教育应该是生活化的，是在一种极其自然的状态下进行的，而不是拍拍脑袋、心血来潮想出来的怪异招数。但从那天的电视节目来看，包括反方两名辩手在内的许多人，无疑是错把这些方式当成了真正的死亡教育。在这里，死亡与死亡教育相混淆，对死亡的恐惧将使人拒绝接受死亡教育。其实，很多人不知道，只有接受了真正的死亡教育，才能战胜心中对死亡的恐惧，从而更加珍惜生命。

苏霍姆林斯基一方面主张不回避死亡教育，另一方面他更看重引导孩子珍惜幸福的生活。他认为，所谓珍惜幸福的生活，就是引导孩子思索时间的永恒性和不可逆性，思索人生伟大的一面及脆弱的一面，认识到大自然、生命的美是永恒的，而人只不过生活了短短的一段时间。这不是悲哀，世间万物，生生死死，死死生生，方使这个世界不断更新，短暂成为永恒，永恒相依短暂，互相求证，互为补充。而人作为其中的一份子，承受着终有一死的命运就是一件最自然不过的事。人的死不仅仅是生的过程的终结，更是在代代相传的过程中一个无与伦比的事件。他反复强调：人生下来，并不是为了像无人问津的尘埃那样无影无踪地消失，而是为了在自己身后留下痕迹——永久的痕迹。

那么，人应该怎样才算留下了永久的痕迹呢？应该说，苏霍姆林斯基用自己伟大的一生回答了这个问题。关于人应该怎样活着，他还举过一个例子：拖拉机手伊万·赫马拉在一片荒芜的土地上栽种了防护林，每年用那里肥沃的淤泥把沟壑填平。就在这片很少有人觉得能治理好的土地上，赫马拉工作了 20 年，终于靠一人之力把这块荒芜之地变成了 200 公顷肥沃的良田。苏霍姆林斯基通过赫马拉的故事教育学生应当怎样度过自己的一生，他认为每个人心中都应有这样一块"赫马拉田"。在苏霍姆林斯基看来，赫马拉就在这个世界上留下了永久的痕迹。

忽然想起那天看完电视上关于死亡教育的辩论赛之后，我问当时一起观看节目的一个 10 岁的小姑娘如何看待死亡，她想了想，告诉我："人开始时是一样的，最终的答案也是一样的，这个答案就是死亡，人生就是一个过程，就看谁的过程更精彩。"

真的，这是从一个 10 岁小姑娘的嘴巴里说出来的话。孩子对生命和死亡的理解并不比自以为是的成人差。

我接过话头说："所以呀，我们要尽量让这个过程更精彩，要想办法让这个过程更有意思……"

第五辑

站在苏霍姆林斯基面前

苏霍姆林斯基
———

从道德上培育对爱情、婚姻、生儿育女、当母亲、做父亲的准备，这是学校对人的个人幸福的关怀。而我们在创造着每一个人的幸福时，也就在创造着社会的普遍幸福。

爱学生是一种才能

苏霍姆林斯基是一个为了爱孩子而来到这个世界上的人。

在阅读苏霍姆林斯基著作的这些年里，每当我沉迷于那些浸满爱的故事中时，我就不断地想，不管我们由于什么样的机缘加入教师队伍，我们是否可以说——为了爱孩子，我们做教师？

但我深知当下做教师的艰难。越来越多的学生难教，不是每一个家长都懂教育，社会对教育、教师提出了更高的要求，应试的压力越来越大……。处在这样的境地中，许多教师感叹：做教师太难。

尽管做教师很难，可能会面临种种困难，但总有一些原则需要我们遵守，比如保持对学生的爱。如果没有对学生的爱，我们从事教育工作就会真正沦为一种苦难。

当苏霍姆林斯基听到有教师明确表示自己不爱学生时，他的回答只有一个，那就是：请这些不爱学生的教师离开教师队伍。他认为，教师必须爱学生是一个毋庸置疑的话题，如果连这一点都做不到，就遑论对学生的教育。没有对学生的爱，任何教育方法、教学策略都将成为空谈。关于教师爱学生的重要性，他形象地打了比方：

> 教师不爱学生，无异于歌手没有嗓音，乐师没有听觉，画家没有色彩感。[1]

---

① 苏霍姆林斯基. 怎样爱学生[M]. 刘伦振，译//蔡汀，等. 苏霍姆林斯基选集：第5卷. 北京：教育科学出版社，2001：423.

的确，教师对学生的爱，是教师的职业使然，没有爱就没有教育。这个道理是如此简单，就像没有嗓音就没有歌手，没有听觉就没有乐师，没有色彩感就没有画家一样。很难想象，一个不爱学生的教师，能够成为一个好教师，能够把教师职业当成毕生的追求；也很难想象，一个不爱学生的教师，能够在教师这个职业中感受到幸福和快乐。对于这些不爱学生的教师来说，他所从事的教育工作就成了日复一日、年复一年的重复和受难。因此，哪怕从个人的幸福感来考虑，每一个教师也都应该爱学生。

关于教师对学生的爱，苏霍姆林斯基认为，教师应当拥有巨大的热爱人和无限热爱自己劳动的才能。只有具备了热爱孩子的才能，教师才能长年保持精力充沛、头脑清醒、印象清晰、感情敏锐。如果没有这些品格，教师的劳动就变为苦难。苏霍姆林斯基把这一点看成是一条既重要又平凡的真理。

是的，爱孩子其实是一种才能。假若一个教师没有这种才能，那么我们就基本上可以断定这个教师也不具备做教师的才能。这一点有大量具体的教育实践可以佐证。

不爱学生就不可能了解学生，而不了解学生，就不可能对他进行教育。如果说我们每一个人都是一个世界，那么对教师而言，他所面对的每一个学生也都是一个世界。不仅每一个学生是一个世界，而且每一个学生的身后还有一个世界，每一个学生的身上都深深地烙刻着另一个世界的痕迹。学生的家庭出身不同，成长经历不同，天赋秉性不同，兴趣习惯不同，社会背景不同，这些无法回避的差别使得每个学生的世界都是千姿百态的。而教育，就是要了解这一个个千姿百态的世界，教师的工作就是在这个基础上对学生施加影响。至于施加什么样的影响，这种影响的结果如何，除了家庭教育、社会影响之外，教师当然是其中的一个重要因素。

当我们认识到教师面对的是一个个千姿百态的世界，是一个个活生生的生命个体时，我们就能设法找到进入这个世界并帮助这些个体的渠道和路径。多年前，我做班主任的时候，曾经教过一个因车祸而不幸失去母亲的孩子。他哀哀地哭泣着，我从他无助的眼神里，看到一个原本鸟语花香的世界已经崩陷。我无法用任何语言安慰他，就轻轻地握住了他的手，默默地陪伴着他坐了很久。后来，孩子的父亲准备再婚，这无疑对孩子来说是雪上加霜。面对他的沉默与伤痛，我还是轻轻地握住了他的手，有一搭没一搭地聊他喜欢的邮票，聊他喜欢的球星……。许多年之后，我收到已上大学的这个孩子的来信："闫老师，多少年了，您还记得我吗？我还记得您第一次走上讲台给我们上课时的情景，更忘不了在一个男孩最不幸的时候，您曾经握着他的手，与他一起流泪；在他最痛苦的时候，还是您握着他的手，与他一起度过了一段最难挨的时光。那个男孩就是我……"遥远的记忆渐渐地被唤醒，我的眼前仿佛出现了一个文静秀气的小男孩的面孔。我没有想到的是，自己十几年前做过的一件小事竟然在一个孩子的心里存留那么多年，而我一直以为他们是一些不懂事的小毛孩子！但是，我真的曾经做过什么吗？我只不过是在一个孩子最艰难的时刻，轻轻地握过他的手……。反复阅读这封信，我终于明白，那一双大手与一双小手的相握，传达的正是一种敢于承受一切苦难的勇气和力量，还有感同身受的慰藉和理解。这些化作一抹星辉，静静地闪耀在孩子的心底，虽然黯淡，但孩子的世界却因此而不再是一团漆黑。我坚信，教育应让孩子的世界摆脱黑暗。

苏霍姆林斯基的教师生涯可以说就是一部爱孩子的历史。他总是以无限悲悯、慈爱的目光看着学生，他不能设想某个时候会讨厌一个学生，以致他不再爱这个学生。他觉得这是不可能的，因为对学生身上的人性的认识是无穷无尽的，所以不能说：认识就此告终，你身上再没有什么东西是我所不知的了。正是秉持着这样的理念，在教育那些"难教的孩子"时，苏霍姆林斯基表现出极大的耐心、爱心与责任感。有的孩子早在入学前就已经受到了严重的伤害，在恶劣的家庭环境中，他们变得冷漠、残忍，苏霍姆林斯基力求通过学校教育尽可能地保护这些孩子免受坏的影响。他通过"美疗"的形式帮助他们，在他们的心中确立善意，建立内心的自尊和对人的信任感。正如他自己所说，如果教师想保护学生免遭邪恶的侵害，铲除邪恶和确立善意，就应当洞悉和理解他们的过去，并预见他们的未来，准确地确定自己面前的教育理想。

其实，爱孩子绝不仅是苏霍姆林斯基这样的大教育家才能做到，我们研究那些优秀教师的成长案例就会发现：不论他们处在何时何地，也不论他们教什么学科、什么年段，有何特长和成长经历，他们都有一个共同的特点，那就是对学生的爱。他们喜欢孩子，喜欢跟孩子在一起，一旦离开孩子就会感到痛苦。在很大程度上，他们不仅是孩子的老师，更是孩子的朋友或亲人。这一点令我想起了苏霍姆林斯基的话：

> 一个好教师意味着什么？首先意味着他热爱孩子，感到跟孩子交往是一种乐趣，相信每个孩子都能成为一个好人，善于跟他们交朋友，关心孩子的快乐和悲伤，了解孩子的心灵，时刻都不忘记自己也曾是个孩子。[1]

是的，不爱孩子的教师不是好教师。现如今，一些教师几乎把这条既重要又平凡的真理忘了。我有一位朋友，她是一个非常优秀的小学语文教师，也是班主任，她告诉我她小时候经历的一件事，引人深思。

那时候她在一所乡村小学上二年级。由于家庭条件比较好，她在一群农村孩子中间显得很特别。不知是不是由于这个原因，班主任和班里的同学都认为她不热爱劳动。其实，起初是由于她有几次做值日来晚了，还有一回班主任让同学从家里带笤帚，可她给忘了，班主任就在班里批

---

 ① 苏霍姆林斯基. 帕夫雷什中学[M]. 赵玮，等译. 北京：教育科学出版社，1982：21.

评她，说她不热爱劳动、不关心集体……。这样说了几次之后，班里的同学也都觉得她不热爱劳动、不关心集体。她很委屈，但不敢辩白。有一次又轮到她做值日，她让妈妈早早地把她从床上叫起来，她草草地吃了早饭，早早地来到学校，一个人把教室打扫得干干净净。上课时，她端端正正地坐在座位上，可老师和同学们似乎都没有注意到她的表现，像往常一样若无其事地上课了。放学后，她按照班级对值日生的要求，将教室里里外外打扫得干干净净，又拎来一桶水开始擦班级同学的课桌……。这时班主任来到教室，却只是冷冷地看了她一眼："哦！今天太阳从西边出来啦，××也热爱劳动了！"那时虽然她只有8岁，但还是从老师夸张的语气里听出嘲讽和不屑……。她告诉我，直到现在，一想起老师当时看她的眼神，她还会浑身发冷……

许多年后的今天，她也做了教师，也做了班主任，她还会想起当年的那一幕。她说自己并不恨老师，但她知道，一个孩子的心灵是多么脆弱敏感，教师的一句话、一个眼神、一个不经意的举动，都可能伤害孩子的心灵。因此，她常常如履薄冰，总试图站在孩子的角度去看问题，也看自己。她觉得这是做教师的基本原则，也是教师对孩子真正的爱。

这个教师的故事让我想起苏霍姆林斯基对孩子们那一番无比坦诚而深情的告白，我们从中也可以看到一个教师对孩子发自内心的爱：

> 五年来，我拉着你们的手一步一步向前走，我把整个的心都给了你们。诚然，这颗心也有过疲倦的时刻。而每当它精疲力竭时，孩子们啊，我就尽快到你们身旁来。你们的欢声笑语就给我的心田注入新的力量，你们的张张笑脸使我的精神重新焕发，你们拿渴求知识的目光激发我去思考……①

---

① 苏霍姆林斯基. 我把心给了孩子们[M]. 唐其慈，等译//蔡汀，等. 苏霍姆林斯基选集：第3卷. 北京：教育科学出版社，2001：391.

读到这样的文字，我终于明白：即使是伟大的苏霍姆林斯基，也有疲倦的时刻，而他摆脱疲倦的方式恰恰是回到孩子们身边。是的，让我们回到孩子们身边，那是教师力量的源泉。

学会记录生活的见证

作为一个伟大的教育理论家与实践家，苏霍姆林斯基在基础（中小学）教育的各个领域都有全面的洞察与创见。虽然苏霍姆林斯基已经去世 50 年了，但我们阅读他留下的著作时会发现，那些案例依然那么鲜活，那些论述依然那么切中教育的实质，好像他一直活在我们身边，看着他挚爱的教育世界所发生的一切。在一些迷惘的日子里，我一遍遍地捧读着那些温暖的文字，在那些同样温暖的故事里流连忘返。我知道，这些故事、这些文字都来自这位教育家几十年的教育实践，而用来记录这几十年教育实践的，绝大多数是用他创造的一种在当时看来完全崭新的文体——教育日记。

在我看来，教育日记本身就是一个伟大的创造。苏霍姆林斯基倡导的教育日记，就是要教师每天记录自己的观察和思考。按照现在的说法，这些文字按照不同的内容，可以分别称作"教育叙事""教育案例""教育随笔"。多年来，我们习惯了高深的"研究"，习惯了系统严密的"方法"和"策略"，习惯了撰写四平八稳、格式统一的论文，对这种记录活生生教育实践的文体不屑一顾。即便是现在，教育叙事、教育案例、教育随笔的写作依然难登"大雅之堂"，各地教师评职称时这些文章都不能"算数"便是例证。但正是这种看似浅显、不够系统的教育日记，却成就了一位伟大的教育家，使我们今天依然能够从他的著作里汲取无穷无尽的营养。

感谢苏霍姆林斯基，感谢他的教育日记！

苏霍姆林斯基建议教师撰写教育日记。他认为教育日记并不是有着某些格式要求的官方文献，而是一种个人的随笔记录，在日常工作中就可以记。这些记录是思考和创造的源泉。那种连续记了 10 年、20 年，甚至 30 年的教育日记，是一笔巨大的财富。他认为每位勤于思考的教师，都有自己的教育体系，自己的教育学修养。如果有高超技巧的、有创造性的教师，在结束他的一生时，把自己在常年劳动和探索中所体会到的一切都带进坟墓，那就会损失一笔珍贵的财富。对此，他甚至发出这样的慨叹："我但愿把许多本教育日记搜集起来，保存在教育博物馆和科研机构里，当成无价之宝。"

苏霍姆林斯基写作教育日记长达 30 多年，可以说贯穿了他教育生涯的每一个阶段。比如，苏霍姆林斯基每年都会在儿童入学的最初两个星期内记录有关他们知识面的资料，这种做法坚持了 32 年。他发现，儿童关于机器和工艺过程的知识在逐年增加，但对于动植物和鸟类的知识却在逐年减少；随着时间的推移，看到日出和朝霞的孩子也在逐年减少……。正是在这些记录中，他不断地展开思考，探讨普通教育的各个领域：关于"美疗"，关于劳动教育、健康教育、"难教儿童"的教育，他都有自己的思考。在此基础上，"培养全面和谐发展的人"的教育理念，终于作为一面鲜明的旗帜被树立起来，成为世界教育史上最伟大的创造之一。

苏霍姆林斯基分析了记录教育日记的意义和价值：

> 凡是引起你注意的，或者引起你一些模糊想法的每一个事实，你都要记入记事簿里。积累事实，善于从一些具体事物中看出共性的东西——这是一种智力基础，有了这个智力基础，你就必然会有那么一个顿然领悟的时刻，那长久躲闪着你的真理实质，会突然出现在你面前。[1]

162　① 苏霍姆林斯基. 和青年校长的谈话[M]. 赵玮，等译. 北京：教育科学出版社，2009：249.

苏霍姆林斯基主张记录一切引起注意和想法的事实，他认为不断地积累事实可以帮助教师看到共性，直到看到真理的实质，这是一个真正从事研究的教师必然要走的道路。作为一线教师，我们每天接触的是大量活生生的教育现实，是一个个活生生的生命个体，是鲜活而多姿多态的教育教学实践。传统的教育教学论文大多"板着面孔"，生硬论述、说理。大多数教师在教育理论方面并不占优势，抛开优势，去生硬地搜肠刮肚写理论、写论文，或者套用某种现成的高深理论去看待我们的教育教学实践，不是明智的做法。当一个教师开始尝试写教育日记，当他开始记录那些发生在课堂上以及与学生交往中的乐事趣事烦心事时，他大脑中积累的语言及其承载的思想将被唤醒，并且重新组合，形成新的思想、新的语言，他的目光将会变得更加敏锐，他的课堂将会更加精彩，他给予学生的东西将会更多。在写作教育日记的过程中，教师听到了自己内心深处的声音，开始试图站在不同的角度追问、挖掘自我，努力摆脱"已有的我"。而教育也在这种感性和理性的反思中，从"随意"走向了"有意"。

事实上，大量一线教师正是在写教育日记的过程中走向了成熟，发现了苏霍姆林斯基所说的"真理实质"，感受到了教育的快乐和幸福。对教师来说，这不仅是一笔巨大的财富，更是一种教育生活的见证。它不仅见证了一个孩子、一群孩子的成长，也见证了一个教师的成长。

在此，我愿把自己多年前做班主任时写的一篇教育日记呈现出来，虽十分稚嫩，但见证了我做班主任、语文教师时的焦虑与思考，碰巧又与苏霍姆林斯基有关：

深植土壤的根须

刚接手那个班的时候，我大略看了一下班里所有学生的期末考试成绩，以备参考。这时就发现有个叫贾光的学生，上学期几门功课的成绩都不及格。教过他的老师都反映，他虽然学习比较努力，但确实存在很大困难。观察了一段时间之后，我发现他的确很难记住东西，有时他虽然勉强把课文读下来了，但如果单独检查某个生字的读音，他常常会张冠李戴，这说明他并没有真正掌握。每次听写生字词的时候，他的出错率也是最高的。我让他查阅课本后改正，但很快我就沮丧地发现，看他改正错误简直就是一种折磨：他常常是这一次改对了这几个，又错了另外几个，返回去重新修改，结果却是令人啼笑皆非——刚才已经改正确的又错了。常常要经过好几轮这样的回合，最后才能终于全改正确。我一直在苦苦思索，对这种存在学习困难的孩子，到底应该采取什么样的方法才是有效的呢？后来我读到苏霍姆林斯基的书，其中苏霍姆林斯基有关保持学生学习愿望的话给了我很大启发："让儿童在进行了紧张的智力活动后体验到胜利的欢乐，以此让儿童永远保持学习的愿望，永远不会丧失学习的自豪感，这一点对于孩子和教师来说是多么重要！"那么怎样让贾光这样的孩子也能体验到胜利的欢乐，从而保持学习的愿望呢？

一次默写古诗的训练使我对苏霍姆林斯基的话有了更深的体会。那天我让孩子们默写王维的诗《鹿柴》："空山不见人，但闻人语响。返景入深林，复照青苔上。"五分钟后，大多数孩子都已经顺利地默写完毕。我大略地看了一下，发现学生的出错率很低，我很满意。十分钟过去了，我扫视了一下全班，发现只有贾光还没默写完。我走到他身边看了一下，作业本上只有"人""上"等几个最好写的字，其他不会写的字一律被他画了圆圈。看着这满纸的圆圈，我感到又好气又好笑。但看他满脸汗水的样子，我不忍心责备他。我犹豫了一下，决定放学后把他留下单独辅导。

放学后校园一片安静，偌大的教室里就只剩下我和贾光两个人了。我请他将课上自己默写的作业拿出来，对照课本看看究竟是哪几个地方出现了错误。他乖乖地拿出课本和作业本，细心地改正起来。几分钟后，他把改好的作业交给我。我仔细地看着，发现题目就写错了，诗句里面还错了好几个字："返"写成了"反"，"苔"写成了"台"……。我不由得叹了口气，这孩子连抄写都会出错，更何况默写呢！如果是别的孩子，我会把出错的原因归罪于粗心，但对于贾光就不行了。他的思维究竟停留在什么地方呢？

抬头看看贾光，他的眼睛里充满了期望和不安。我暗暗告诫自己要沉住气。同时，这孩子眼睛里期望的火花也鼓励了我，我说："写得不错，只错了几个字，比原来进步多了。但仔细看一看还是有错误。你对照课本再认真检查一遍吧！"他的眼睛里露出一丝意外的惊喜，刚才还惴惴不安地不敢看我呢！

听了我的话，他乖乖地点了点头，打开课本检查起来。很快，他发现了一处错误，随即对照课本认真地改正起来。后来，他发现了所有的错误并同样认真地改过来了。我冲他微笑着点头："刚才是对照课本修改的，而且都改对了。你现在能不能不看课本进行默写？我相信你一定可以做到的！"贾光使劲点点头，把书本合上默写起来。我坐在一旁等着，为了缓解他的紧张情绪，我拿过一张报纸看了起来。其实，我的眼睛无时无刻不在观察他的一举一动。没有我目光的跟随，他显得比较轻松，一会儿书写，一会儿沉思，一会儿紧锁眉头，一会儿恍然大悟。我眼睛的余光看了个明明白白，不觉有些好笑。但看他极其认真的样子，我又由衷地感到高兴。——只要学习的愿望还在，一切就都有所期待。

10分钟后，我拿到了贾光的作业本。我仔细地看着，却发现几乎每句诗都有错别字。我很懊恼，费了这么多时间和精力，最后就是这么个结果。我忍不住摇了摇头。沉默了一会儿，我看见贾光已经把头低了下去——他垂得那么低，满头与生俱来的卷发写满了失望和沮丧。我实在不忍心打击他，就笑着点头说："写得不错。你看，比你第一次默写时好多了，这说明你在进步。继续努把力，一定会写得更好！"说完这几句话，我看见贾光抬起了头，于是我又看到了那种充满希望的目光。但我的内心深处却不由得打起了鼓——他真的可以写得更好吗？后来，每默写一遍，他的错误就相应地减少，事情在向好的方向发展。我的信心也逐渐树立起来了，就一遍一遍地表扬他有进步，他也一遍一遍地认真修改。当他第五遍默写整首诗的时候，我终于等到了我要的结果：他默写的《鹿柴》这首诗再也没有出现错别字，他终于完全默写对了！

我忍不住紧紧握住了他的手，向他表示祝贺。他腼腆地笑着，不太好意思看我。

"今天默写很棒！明天再来默写其他两首诗怎么样？"我兴致勃勃地提议。

"好哇！我保证比今天默写得更好！"他好像也受到了我的感染，一向木讷的他今天也变得开朗起来，口齿也伶俐了很多。

但后来的几次默写却没有多大改观，并没有像贾光保证的那样——默写得更好。但我知道，他一直没有丧失信心，一种学习的愿望在激励着他克服困难，勇于面对一切失败的打击。因为他知道，在付出了紧张而艰苦的智力劳动后，他所体验到的成功的快乐是那么诱人，他深深地迷恋这种美好的体验，因此他不会选择放弃。

的确，正如苏霍姆林斯基所说，要想看到最美的生命的花朵，就不能忽视那些深植在土壤中的细小的根须，没有这些根须，生命和美就会凋谢。对学生来说，那些深植在土壤中的细小的根须就是学习的愿望，如果教师千方百计地给这些根须提供滋养，那么我们的教育就将一步步地走向成功。

做一个有魅力的教师

有一位教师朋友跟我讲他中学时代的故事。说起当年的班主任，他带着十分钦佩的口吻告诉我："那是一位十分有魅力的老师。"我便请他讲讲这位老师的故事，他讲了很多，有几件事给我留下了深刻的印象。

这位老师姓牛，当时四十五六岁，担任班主任已经很多年了。正如他的姓氏一样，他是远近闻名的"牛"老师——他教高中物理，教学水平很牛；他做班主任，班级管理很牛；他虽是理科出身，可古诗词功底很牛……。总之，牛老师不愧是"牛"老师。

朋友首先给我讲了一个垃圾桶的故事。那年朋友正上高一，牛老师教他们班物理，还做班主任。当时教室前门旁边有一个垃圾桶，同学们演算过的稿纸、擦过墨水的纸巾、偷着吃的瓜子的皮等都扔在里面。可班里总有一些学生偷懒，不肯从座位上走到前面去，就在座位上悄悄瞄准那个垃圾桶，再把废纸往垃圾桶那边扔，扔中的概率差不多50%，这样就有另外50%是没扔中的。这样一来，一节课下来，垃圾桶周围往往堆满废纸团。开始这么做的还只是前三排学生，后来变成了前六排学生；渐渐地，连坐在教室最后排的学生也跃跃欲试——也难怪，高中生活那么紧张枯燥，学生好不容易找到这个乐趣，岂肯轻易放过？

那天晚自习，牛老师推门走进教室。巧得很，他刚要迈步进来，忽然一个小纸团飞过来，不知是谁扔的，没投中垃圾桶，却投中了牛老师的膝盖。班里发出一阵笑声。牛老师看看小纸团，瞄了一眼讲台下的学生，好像什么都没发生似的，弯腰捡起那个小纸团就扔进了垃圾桶，然后像往常一样在教室里巡视同学们的学习情况，解答他们遇到的难题。这下，那几个刚才还在笑的学生就不好意思再笑了。

第二天自习课上，牛老师坐在讲台上批改试卷，同学们在安静地自习。不一会儿，牛老师的红笔没墨水了，他充好墨水，随手拿起一张草稿纸把笔头一擦，接着把草稿纸揉成一团，朝门旁的垃圾桶扔去。牛老师不愧是牛老师，纸团准确命中垃圾桶，接着牛老师继续批改试卷。有几个学生刚好看到这一幕，彼此交头接耳地偷笑。后来，牛老师批完了试卷，开始讲解。他一边讲解一边用粉笔在黑板上演算，很快讲完一道题目。这时，只见他把手里的粉笔头朝垃圾桶扔去，粉笔头却砸在了门上，碎成了粉粒。这一幕全班学生都看见了，只见牛老师微笑着走下讲台，来到垃圾桶前面，拿起笤帚，先把粉粒仔细地扫起来，倒进垃圾桶，又拿着拖把走出了教室。学生们正面面相觑时，牛老师已经拿着湿漉漉的拖把回来了——原来是去洗拖把了。他还是微笑着，用拖把将刚才粉粒散落的地方拖了一遍，然后拿着拖把又走出教室。很快，他又拿着冲洗干净的拖把回来了。他把拖把重新放好，好像什么都没发生似的，重新开始讲解题目……

从这之后，班里再也没人玩投掷纸团的游戏了。

听了牛老师的故事，我想起苏霍姆林斯基的一段话：

如果您想成为一个真正的教育者，请您首先要在年轻的心灵面前表现自己身上作为一个人所应该具有的美——这一点是很重要的。这里指的不单是要体现教师以身作则这一巨大的教育力量，还要使儿童和少年懂得并感觉到自己的老师在日常工作中所表现的作为一个人所应该具有的美：细腻的情感和情感素养的美。①

---

① 苏霍姆林斯基. 公民的诞生[M]. 黄之瑞，等译. 北京：教育科学出版社，2002：337.

在我看来，牛老师是一个真正的教育者。在他的身上，体现了一个教师应该具有的美，其中不仅有智慧之美，也有情感之美。他没有喋喋不休地说教，更没有声色俱厉地批评，但他却如此巧妙又如此自然地帮助学生纠正了自己的不良行为，培养了学生良好的行为习惯。显然，对一群高中学生来说，无声的行动更胜于口头说教。他的行动促使学生自我反思、自我批评，然后用行动改变自己。这既是一个教师高度的教育智慧，也是一个教师的魅力所在。

牛老师的魅力还不止于此，朋友接着给我讲述了牛老师的其他故事。牛老师虽教物理，但文学功底深厚，他喜欢利用早自习或者晚自习前的十几分钟给学生背诵古诗词、朗读小说。他那带着浓重地方口音的普通话，朗诵古诗词别有一番味道。他给大家朗诵苏东坡的《江城子》，朗诵到动情处，眼眶都是红的；他给大家背诵朱自清的《桨声灯影里的秦淮河》，眼神沉醉，声调舒缓，教室里鸦雀无声……。他还给大家介绍了许多作家的作品。对一些小说，他常常只朗读前面的几页，吊起大家的胃口，后面的就让学生自己看了。这些师生共读古诗词和小说作品的情景，虽然只占了紧张的高中生活极小的一部分，但已成为学生们非常宝贵、十分期待的美好时光。许多年之后，这些共读的日子越发显现出迷人的光彩，闪耀在每一个学生的记忆深处。

朋友在跟我讲述这些故事的时候，我依然能够从他的眼神里看到一种神采，那是一种发自内心的自豪和向往。我想，如果一个教师在他的学生毕业很多年之后，依然能够唤起学生心中最美好的记忆，依然能够让他的学生以他为荣，那么他就堪称一个真正的教师，一个有着绝对魅力的教师。

在苏霍姆林斯基的眼里，一个有着绝对魅力的教师正是像牛老师这样的教师。那位名叫特卡琴柯的数学教师是有魅力的：他教的学生没有不及格的，因为他善于通过阅读来发展学生的智力。从五年级到十年级，他教的每一个年级都有一个绝妙的小图书馆，里面有超过 100 种书，这些书都以鲜明的、引人入胜的形式来讲述他觉得世界上最有趣的一门科学——数学。那位有着 30 年教龄的历史教师是有魅力的：他的课上得十分出色，以至于听课教师和视导员都听得入了迷，连记录也忘了做。当有人询问这位历史教师究竟花费了多长时间才备出这么一节精彩的课时，这位历史教师的回答是：用终生的时间备每一节课，但对今天这节课的直接准备，只用了 15 分钟。还有那位很有经验的几何教师是有魅力的：年轻的校长在听他上几何课的时候，因为完全被他的讲解迷住了，以至于把自己当成学生站起来回答老师提出的问题……。如果一个教师能够成为学生知识的源泉，与学生一起进入一种丰富的、有意义的精神生活，把自己在情感素养和知识素养方面的美展现在学生面前，这样的教师就是有魅力的教师。

苏霍姆林斯基强调教师教育技巧的最主要的特征就是表现自我，即把自己的精神财富展示在学生面前。苏霍姆林斯基的教育教学中总有一个鲜明的"我"，在大量的教育教学案例中，他描述了自己怎样教孩子创作童话、诗歌，孩子们又是怎样专注地听他读书、讲故事，那一幕幕温馨的场景令我神往不已、感喟不已。他不仅是一个教育家，还是一个作家、诗人，他正是在自己的课堂上给孩子们打开了一个异常丰富、迷人的精神世界，在这个过程中也展现了自己作为一个真正的教师的所有魅力。男孩科利亚性格文静，不爱显露自己，苏霍姆林斯基觉得他过于听话温顺了，于是就把他请到自己的书架前，与他一起谈论书架上一本一本的书。站在老师书架前的科利亚充满惊奇，他第一次意识到，在自己的周围有个知识财富的大海，可他甚至连一小部分也未曾了解。

的确，在苏霍姆林斯基看来，一个有魅力的教师，就应该善于在孩子面前打开一个知识的海洋，而教师本人在学生眼里绝不仅仅是一个教育者：

如果您想使您的学生看到、理解到并感受到他一生中需要掌握什么样的精神财富的话，那您就把他领进您自己的智力生活世界中去吧。让他把您看作一位面对浩瀚的大海在思索、勇于探索的航海家吧；让他把您看作奉献自己毕生精力也研究不完那未知领域的一部分，但仍大无畏地踏上征途去求知的博学家吧！①

是的，做一个知识海洋中的航海家，一个知识世界中的博学家，将引导学生进入这个知识海洋遨游作为使命，把带领学生踏上求知之路当作职责，这样的教师就是有魅力的教师。

① 苏霍姆林斯基. 怎样培养真正的人[M]. 蔡汀，译//蔡汀，等. 苏霍姆林斯基选集：第2卷. 北京：教育科学出版社，2001：211.

打造一个教育共同体

　　我们常常听到一些学生抱怨，每门学科的老师都布置了作业，虽然单独来看每门学科的作业并不是太多，但加起来数量就非常可观了；也有学生反映，体育活动时间，体育教师要求学生到操场上集合，可总有语文教师或数学教师把他们留下来补课，于是体育教师非常不满，抱怨学校不重视体育课，可补课的语文教师或数学教师却觉得这么做很正常……

　　应该说，这些问题的出现，归根结底是因为任课教师之间缺乏一致的观点和信念。若不同的任课教师对一个班的教育教学工作有着不同的教育理念，就会给班级教育工作造成不良影响，严重的时候还会引发冲突。这就需要我们将所有的任课教师集合在一起，打造一支有着一致的观点和信念的教师团队，打造一个有着共同目标的教育共同体。而在其中起到重要组织和协调作用的，对于一个学校来说，当然是校长，但对于一个具体的班级来说，无疑是班主任。

　　苏霍姆林斯基在 30 多年的教师生涯中，极其重视不同学科教师之间的一致性：

　　　　我认为我的使命（既作为班主任，又作为校长）是，要使教师们在教育和教养的一些重大问题上能够保持一致的观点和信念。观点的一致能够保证每一位教师的个人创造性得到充分的发挥。[1]

────────

 [1] 苏霍姆林斯基.给教师的建议[M].杜殿坤，译.北京：教育科学出版社，1984：421.

苏霍姆林斯基把协调和组织任课教师队伍，使他们在重要问题上的思想观念保持一致，看作自己作为班主任和校长的使命。他要求班主任多花费心思，关心任课教师之间的教育观点和教育信念是否一致。作为班主任和校长，他在打造观点和信念一致的教师团队方面，做了大量卓有成效的工作。他要求帕夫雷什中学的教师都要在一些基本的、重大的问题上保持一致，例如，他要求每一位教师既是教书者，又是教育者；每一位教师都应当对具体的学生施加个别的影响，鼓励、激发学生实现自身的个性发展；教学只有在集体与个人丰富的精神生活的背景下进行，才能实施完满的智育，等等。

　　正是基于这样的理念，苏霍姆林斯基从自身做起，承担了乌克兰语、俄语和历史这三门学科的教学任务，因为这三门学科是从开学到毕业都一直开设的学科。他这样做是为了能够充分了解任课教师的情况，体现了教育与教学相一致的原则，同时也体现了他一直主张的一个重要观点：教师既是教书者，又是教育者。他认为，教学首先是教育，是人的个性的道德形成，没有脱离教育的"纯教学"。也就是说，与教育毫无关系的教学是没有的，也是不可能有的，不应当有的，教学只不过是广义概念的教育这朵花上的一片花瓣而已。教育中不应有主要次要之分，这就犹如在构成美丽花朵的许多花瓣之中没有主要花瓣一样。所以，他要求帕夫雷什中学的每一位教师都不能仅仅局限于某一门学科的知识教学，应该成为孩子丰富的心灵与精神世界的缔造者。我们可以看到，帕夫雷什中学的每一位教师都参与了这项工作。

　　苏霍姆林斯基的这个观点引起了我的深思。在教育实践中，我见到不少现象，其背后的教育思想并没有引起应有的关注。比如，我曾听到某门学科的教师抱怨，某某老师（指班主任）的班级纪律很差，学生没规矩，导致他上课上不下去，他就把捣乱最严重的几个学生送到班主任那里进行教育，或者干脆把班主任请来，请班主任进行教育，班主任整顿好纪律后，再由这位任课教师继续上课。听到这样的情况，我不能不为这个教师感到遗憾。在他的心里，他就是一个单纯的教书者，而并非学生的教育者，他有着非常明确的领域划分：这个是属于他的，而那个不是属于他的……。但是，他忽略了一个重要问题：对人的教育，真的是那么简单吗？难道真的可以把知识教学与人的教育截然分开吗？事实上，他不能维持正常的班级秩序，不具备班级管理、组织教学的经验和能力，以至于离开了班主任的帮助，他就不能正常组织教学，这本身就是一个强有力的证明：没有脱离了教育的纯粹的知识教学。

因此，让每一位教师都不仅把自己看作教书者，更把自己看作教育者，是教师团队一个非常重要的信念。此外，教师团队还应该达成一个共识：每一位教师都应该充分展现自己的长处，在自己最擅长的领域给学生以积极的影响。苏霍姆林斯基要求每一位教师都要展开一场善意的"争夺"学生的竞赛，每一位教师都要运用各种方法，展现自己在某一个领域的长处，尽量唤起学生对自己执教的这门学科的兴趣，使他们能够入迷地喜爱自己所教的这门学科。如果各门学科的教师都积极参与这样的竞赛，那么这个学校的智力生活就会生机勃勃。苏霍姆林斯基用极大的篇幅，介绍了帕夫雷什中学每一位教师在展现自己的长处、激励学生喜爱自己的学科方面所作的努力：数学教师安德列·费奥多罗维奇·巴尔文斯基帮助有数学才能的学生成立数学小组，办数学杂志，为有数学才能的孩子创造单独继续前进的条件；生物学与农艺学教师安德列·安德列耶维奇·萨姆科夫帮助孩子成立农艺学、生物学小组，引导学生开展试验，在试验中把劳动与科学设想、劳动与探索自然科学的奥秘结合起来……。但在现实中，也出现了这样的情况：有的班主任由于自己与学生交往的时间比其他任课教师更多，在对学生的教育上拥有更多的机会和优势，因此在有意无意中会要求学生在自己所教的那门学科上花费更多的时间和精力；或者班主任会把自己对某一门学科的喜恶，在不经意的言谈举止中流露出来，从而对某一门学科的教学造成影响。虽然这些现象并不严重，但也在一定程度上不利于打造在各方面都保持一致的教师团队。而如果没有一个教师团队的整体参与，教育效果就会大打折扣。班主任应该不断地与各门学科的教师进行沟通，了解本班学生学习各门学科的基本情况，了解各任课教师的工作风格和特点，以及在教育教学中遇到的困难，帮助任课教师制订相应的教育教学策略，在力所能及的情况下，为任课教师创造更好的教育教学条件，以便配合任课教师解决问题，更好地完成教育教学工作。这对班主任来说，是一项非常艰巨的任务，而这也正是班主任工作复杂性与重要性的体现。

在苏霍姆林斯基看来，教师团队的一致性还表现在教师不论执教哪一门课，都要使每一个学生获得智力生活的幸福。每一门课的教师都应该善于挖掘学生内心的财富，找到那条进入他们智力和精神生活的道路。面对那些在学习道路上遇到很多障碍的学生，苏霍姆林斯基建议，要尽量设法让他们在其他劳动创造的领域中突出自己。苏霍姆林斯基强调，要在劳动中、在各种审美活动中发掘孩子的潜能。如果孩子们能在这些领域显示自己，他们就会在其他领域（包括在学习领域）找到克服困难的志向和力量，更重要的是在此过程中培养他们的信心与尊严。这样，不管那些孩子将来从事什么职业，他们都能够享受一个劳动者丰富的精神生活，他们都会是一个文明的人，一个子女明智的、精神丰富的家长和教育者。而当下的教育现实是，分数在很大程度上成为评价学生的唯一指标，一个孩子若没有考到好的分数，对他和他的家庭来说，这就成了一场巨大的灾难。苏霍姆林斯基认为分数只反映了人精神生活的一个领域，不能因为在这个领域失败了，就否定人精神生活中其他更多的领域。作为班主任，我们虽然没有足够的力量改变这个现实，但还是可以做很多工作。比如，我们可以协助各任课教师，一起帮助孩子找到自己最擅长的领域，让他们在那个领域内尝到成功的欢乐，感受到智力生活的幸福，从而树立自信，找到尊严，而不是让他们在接受了十几年的学校教育之后，带着对学习的厌恶，带着对学校与教师的怨恨，满怀羞辱与挫败感地走出校门，走上今后的人生道路。

虽然每门学科的教师都是学生的教育者，但是班主任比其他教师更艰辛——他除了要教好自己的那门学科，还要把其他任课教师都团结起来，打造一个教育共同体。

教育中的人道主义

阅读苏霍姆林斯基的文字，我们不得不感叹：苏霍姆林斯基是真正把教育作为一种信仰融入自己的生命，他不仅是一个伟大的教育理论家、实践家，还是一个真正的人道主义者。在他宏大而完整的教育体系中，我们处处可以看到"人"，看到教育如何以"人"的幸福与发展为核心进行拓展，看到教师如何丰富"人"的精神和生命。作为一个有着太多创造性见解并用具体的实践诠释这些见解的伟大的教育家，苏霍姆林斯基的一生可谓处处闪现出人道主义的光彩。

在谈到教育中的人道主义时，苏霍姆林斯基认为，教育者真正的人道主义精神，在于他用高超的技巧和艺术激发儿童产生这样的思想：我还没有成为我应当而且能够成为的那样的人。苏霍姆林斯基总结了教育工作中人道主义的最高境界：

> 我们工作中的人道主义的最高境界，就是依靠对于自然界的深刻认识，来征服那些似乎是先天已经决定了的东西，要成为一个真正的教育工作者，就必须深入地研究心理现象、人的精神现象的自然科学的、解剖生理学的原理，研究儿童的心理过程对于周围环境的极其复杂多样的因素的依存性。[1]

---

[1] 苏霍姆林斯基. 和青年校长的谈话[M]. 赵玮，等译//蔡汀，等. 苏霍姆林斯基选集：第4卷. 北京：教育科学出版社，2001：732.

正是秉持着这样的信念，苏霍姆林斯基一直追求这种人道主义的最高境界，并且落实到具体的实践中。在研究苏霍姆林斯基教育思想的这些年里，在那些浩繁而美好的文字中，我像个幼稚的孩子，充满欣喜地拾起那一个又一个美丽的贝壳——关于教育中的人道主义，我逐渐梳理出了一条很不完整但还算清晰的脉络。

道德教育中的人道主义

苏霍姆林斯基主张"培养全面和谐发展的人"，因此，对学生的道德教育是其教育思想中的重要组成部分，也比较集中地体现了他的人道主义思想。

在谈到教育与教学之间的关系时，苏霍姆林斯基打了一个比方：教学只不过是广义概念的教育这朵花上的一片花瓣而已，教育中没有主要次要之分，犹如在构成美丽花朵的许多花瓣之中没有主要花瓣一样。他认为，教学首先是教育，是人的个性的道德形成，没有脱离教育的"纯教学"。也就是说，与教育毫无关系的教学是没有的，也是不可能有的，不应当有的。他以此来提醒教师对人的道德教育应贯穿在教育的每一个细节中。

苏霍姆林斯基把培养学生对批评表现出明晰的态度视为一种高度的教育技巧，他坚决反对要求孩子唯唯诺诺、盲目服从，把这视为教育上最大的危险。他认为，教师要为那种"毫无怨言，默不作声，准备接受任何训斥的学生而感到可怕"。因此，每当他看到那种态度冷淡，准备耐心地倾听教师的讥刺和训斥的学生时，他的心里就充满了不平和愤慨。他主张，教育的明智就在于保护受教育者，不降低他们的人格，不让他们感到自己是听任命运摆布的一粒无能为力的尘埃。性格执拗和不肯听话要比唯唯诺诺、盲目服从好一千倍，因此他甚至喊出"执拗性格万岁"来表明自己的态度。

对待那些犯了错误的孩子，苏霍姆林斯基主张不要轻易进行惩罚。如果要实施惩罚，那么惩罚应该成为一种促使孩子反思的手段，而不是最终的结果。他本着一颗仁慈的心，对无意中干了坏事的孩子一律采取谅解的态度。他认为这种谅解的态度不仅会感动孩子的心灵，而且会激发他们心灵深处坚决改正错误的积极性，他们会通过积极的行动来改正错误。他时刻提醒教师和自己，我们面对的是脆弱的、敏感的童心，要保护它不受伤害。

对与"惩罚教育"相对的"表扬教育"，苏霍姆林斯基更有着非常深刻的洞见。他认为，把美好的东西看作应该的，这是道德教育中一个最富有哲理的原则。表扬、奖励不应该助长虚荣心，不能让孩子为了获得表扬和奖励才去做好事。他主张不要把做过的好事放在嘴巴上，要把这些行为看成是非常自然的事情，是不应该、不值得夸耀的，如果有谁喋喋不休地诉说自己曾经做过的好事，就是不光彩的行为。

在对学生进行爱国与爱家乡的教育上，苏霍姆林斯基主张不要让学生把热爱祖国、热爱家乡的话停留在口头上，甚至要慎重谈论这些。由此，我想到当下很多关于"爱祖国""爱家乡"的活动，恰恰是让学生只停留在口头上。对此，苏霍姆林斯基是坚决不赞成的。他认为与其空喊口号，不如让学生比赛谁能把不毛之地变成森林，不如让学生动手种下一棵小橡树。他主张具体的、体现在行动上的爱，而不只是在口头上谈论爱。在对具体的人甚至对整个人类的爱上，他也依然坚持这个观点。他不无幽默地说，爱人类比爱一个具体的人容易得多。在口头上说说"我爱人们"比较容易，而去帮助身边的一个人却是比较难的。正是基于这样的洞见，苏霍姆林斯基在他的教育生涯中一直致力于教育学生要关心自己的家人、同学，关心自己周围的人，反对空谈自己的爱，却对自己的亲人或周围某一个需要帮助的人抱冷漠态度。他想方设法教会学生去体察身边的人内心深处可能隐藏的那些痛苦，学会在别人痛苦的时刻给予发自内心的同情与关爱。

这些当然不是苏霍姆林斯基道德教育的全部。但仅仅看看以上这些内容，反思我们的教育行为，值得我们深思的东西就已经很多了。

智力生活中的人道主义

苏霍姆林斯基认为，在教育人这样细致的工作中，课内不放过一分钟、一刹那，一直要求学生积极进行脑力劳动，是一件非常愚蠢的事情。如果教师对工作抱着这样的目的，简直就是要榨干儿童全部的精力。他认为，学生，尤其是低年级学生的智力和神经耐力是有限的，必须非常慎重地对待，而且要不断给孩子提供补充神经耐力的来源。比如，观察周围的事物和现象，让学生出于兴趣去了解事物而不是为了完成教师布置的任务，到大自然中去旅行，等等。在这个过程中，要让孩子的大脑得到充分休息，获得补充和营养，避免用持续的、过度紧张的课堂脑力劳动使他精疲力竭。具体到课堂中某些细小的环节，苏霍姆林斯基则提出"要让孩子想一想"这个观点。实际上，这也是要让孩子的思维得到喘息，但这并不是初看之下我们能够感觉到的那么简单。有些教师每次提出问题，都不给学生"想一想"的时间，而是直接就让孩子站起来回答，孩子往往连问题是什么都没有搞清楚；有的孩子虽然听见了问题，但还没来得及思考，等他一坐下就马上想起答案来了，这在一些青年教师的课堂上比较多见。而这些没有回答出教师问题的孩子，往往充满了沮丧。可见，"要让孩子想一想"，不仅是一个有关教学设计的、外显的要求，还是学生学习规律、思维发展规律的客观要求，也是一个教师教学理念、教学能力与智慧的真实反映。

苏霍姆林斯基反对让孩子死记硬背，因为这样会损伤孩子的大脑，使许多神经元长得过大，信息过分饱和，可是保证经常联系的联想纤维却衰退了。他详细分析了孩子大脑的发育结构与思维规律后指出，不是非记住不可的东西更容易记住，要像担心最大的不幸那样去担心青少年只有死记硬背的智力生活。他认为死记硬背是和谐发展的"危险敌人"，而真正的智力生活，只有在一个人不去死读书的时候才有可能实现。这使我想到当下很多学校、教师让孩子盲目读经的问题。以我有限的视野来看，很多学校、班级开展的儿童读经活动，成了一种死记硬背，成了孩子的沉重负担。比如，有些学校让孩子背诵《论语》《弟子规》，不分年级，不做任何解释，对内容也不加任何选择，只是让孩子顺着内容去背。孩子不能理解，这些内容又没有唐诗和宋词的节奏与韵律，当然背起来就有困难。更何况，这些典籍中有些观念早已成为陈年糟粕，是应该剔除的东西，可孩子还是要按照学校和老师的要求死死记在脑子里。在这个过程中，孩子的大脑承受了严重的负担。苏霍姆林斯基关于儿童大脑发育的科学发现使我忽然意识到，过去我们只是从文化的层面反对让儿童盲目读经，其实很少从科学的层面去分析。当我们知道这种死记硬背的做法会戕害儿童的思维时，我们就应该对这种盲目的读经运动大声地说"不"。

健康教育中的人道主义

关于维护孩子的身体健康，苏霍姆林斯基旗帜鲜明地提出，维护孩子的身体健康是教师的首要工作。他回顾自己在小学 4 年期间对儿童的全部关心和操劳，发现起码有一半的精力是花在他们的身体健康上面的。为了尽量清楚地了解孩子的身体健康状况，苏霍姆林斯基攻读了专门的医学著作，从而日益确信，对教师来说，懂得学生身上所发生的内在的生理、心理、年龄、性机能发展等过程是多么重要。他一再强调，孩子们的精神生活、世界观、智力发展、知识的巩固和对自己力量的信心，都要看他们是否乐观愉快、朝气蓬勃。对我们在实践中遇到的那些常见的难题，比如学生精力不济、学习吃力、性格忧郁等问题，苏霍姆林斯基经过几十年的观察与研究，得出的答案是，这些学生中有 85% 的人是身体健康出了问题。他发现，所谓思维迟钝，在绝大多数情况下并不是由于大脑皮层的生理和功能改变，而是由于孩子的整个机体出现了毛病。因此，在苏霍姆林斯基看来，孩子的身体是否健康是孩子身心能否健康发展的众多因素中的决定性因素。不了解学生的健康状况，就不可能有正确的教育。他根据自己在学校工作30多年的经验，坚信要维护儿童的健康状况，不仅要对每一个学生采取个别对待的态度，而且要采取一系列不同的爱护、爱惜和增强健康的措施。他认为教育应当配合解决儿童的身体健康问题，使儿童摆脱往往在幼年时期就有的困扰。

正是由于认识到身体健康对孩子的重要性，苏霍姆林斯基采取了一系列关于维护孩子身体健康的措施：在新生入学之前一年半，苏霍姆林斯基就有了自己未来学生的名单。他开始熟悉他们的父母，猜测有哪些疾病可能遗传给儿童，掌握他未来学生的身体各重要系统（神经系统、呼吸系统、心脏、消化器官、视力、听力）的状况，好为以后的工作做好准备；他认为开展体育活动首先要注意的是健康，关心、维护作为无价之宝的生命，其次是保证人的身体发育与精神生活以及多方面的活动协调一致，因此他们在运动项目的比赛中形成一个规矩，即主要比动作的漂亮、优雅、协调，而把速度作为次要因素，坚决反对把运动从全体儿童的体育锻炼手段变为个人争夺成绩的手段，反对把儿童划分成有运动才能的和无运动才能的，反对通过投机取巧而猎取学校虚假名声的做法去煽动不健康的狂热；在给学生的教育鉴定中，放在首位的是儿童的健康状况、身体发育情况；他与家长交谈最多的不是孩子的学习成绩，而是孩子的身体健康，教师同家长一起为孩子制订作息和饮食制度，从而做到凡是由于身体虚弱致使思维过程迟缓并由此导致大脑皮层细胞不活跃和易受抑制的那些孩子，在春、夏、秋三季都能露天睡眠，得到富有维生素和植物杀菌素的食物；不允许让低年级孩子一天在室内进行3小时以上的脑力劳动；学龄到十三四岁的孩子，从春天到秋天不论天气好坏，一律赤脚。

我想象着帕夫雷什中学的孩子们赤脚上学的情景。对孩子们来说，他们只知道那是一种有趣的体验和游戏，是一种完全解放的自由和率性；对教师来说，那是维护孩子们身体健康的重要手段，是一份真正爱孩子的拳拳师心。

其实，当我们回到人本身，我们就不难理解为什么苏霍姆林斯基把维护孩子的身体健康放在最重要的位置。在我看来，这是一种真正的人道主义。

"问题生"教育中的人道主义

苏霍姆林斯基教育思想中的人道主义，在对"问题生"的教育中得到了突出的体现。他认为，"问题生"教育中的人道主义精神就在于：当一个人无法做到大多数人都能做到的事情时，我们要使他并不感到自己低人一等，同时要使他感受到人间崇高的快乐——掌握知识的快乐、脑力劳动的快乐、创造的快乐。

苏霍姆林斯基曾用大量的篇幅论述"难教的孩子"的教育。他认为，对待这些"难教的孩子"，教育者特别需要一种长远的眼光，要有一种"一天淘出一粒金子"的精神，慢慢地接近我们理想的教育目标。教育不能一蹴而就，因为我们面对的是复杂、鲜活的生命个体，每个个体自有其成长的秘密，我们需要以加倍的耐心和细心，去等待、尝试、揭示这一个个生命的密码。这是一项非常复杂、折磨人的工作，任何一点粗暴、急躁，任何一丝一毫的冷漠，甚至一个无意的眼神，都足以摧毁那一颗颗脆弱、娇嫩的心。他强调教师在任何时候都不要急于作出最后的、绝对的结论，认为某某学生什么都做不成，他的命运就这么注定了。教师要千方百计地激发、保持学生内心深处那种学习的愿望，教师要带领孩子，尤其是那些"难教的孩子"，怀着"一天淘出一粒金子"的精神，从一个胜利走向另一个胜利，决不让任何一个孩子陷入孤独、黑暗之中，决不让任何一个孩子感受到没有出路的悲哀和绝望。这既是一个根本的教育原则，也是一个教师最可贵的教育信仰。

长期以来，我们忽略了一个重要的事实：每一个孩子在寻求智慧的道路上，都不可能步调一致，他们大脑中某些沉睡的区域还有待教师去唤醒；而且分数只不过反映了孩子精神生活里，众多区域中的一个局部，但我们却把它当成了全部。也许，在其他一些局部，孩子完全可以有出色的表现，并获得成功与自信。苏霍姆林斯基正是因为看到了不及格的分数给学生造成的巨大伤害，因此他一再强调这个常识：不要让上课、评分成为人的精神生活中唯一的、吞没一切的活动领地，在儿童那颗柔嫩的心还没有穿上冷漠的铠甲之前，不要让不及格的分数成为一场巨大的灾难。这个世界上，没有什么比儿童的幸福和精神生活的充实更重要。因此，在具体的实践操作中，苏霍姆林斯基主张不要给孩子打不及格的分数。

除了不打不及格的分数，苏霍姆林斯基更主张通过"美疗"的方式，以天地为课堂，结合阅读、音乐、图画、劳动等领域开启学生的思维，使他们在某一个领域首先获得成功，感受到智力生活的快乐和自信心，感受到人的尊严。

劳动教育中的人道主义

在苏霍姆林斯基的教育体系中，劳动教育就是一种对孩子精神的培育。在他看来，劳动不仅是一种教育手段，更是一个教育过程。从来到帕夫雷什中学的那一天起，每个孩子就开始了劳动。孩子们把自己在劳动中获得的果实送给自己的亲人，让亲人感受到幸福和快乐。当孩子们给那些花浇水、施肥的时候，给那些果树剪枝的时候，每一个孩子的心里都有一个美好的信念，那就是：我要通过我的劳动给我的亲人带来快乐。我想，正是在长期劳动的岁月中，孩子们逐渐建立了对亲人与家庭的责任感，认识到必须通过劳动才能获得幸福。这对孩子的价值观与世界观的形成，无疑是非常关键的。

苏霍姆林斯基强调，如果没有劳动参与教育，教育中的其他方法、手段、智谋就在很大程度上丧失意义，因为教育归根结底是人的教育，而且从本质上说，一切教育方法、手段和智谋本身就是劳动，其期望取得的教育效果也必须以劳动为基石。一个人在童年、少年时代对劳动的体验是极其宝贵的，那种对劳动的鄙薄与忽视将在成年之后成为冷漠、懒惰、不思进取，甚至走向歧路的根源。因此，千方百计地引导学生参加劳动，是教育中最重要的领域之一。

爱情教育中的人道主义

苏霍姆林斯基极其重视对学生进行爱情教育，爱情教育是他宏大的教育体系中既非常重要又很有特色的一个方面。

苏霍姆林斯基强调，爱情是一扇明净的窗户，透过这扇窗户，人们可以看到自己周围世界中最重要的东西——人。青年男女之间的爱情首先是一种精神交往，因此，他坚决反对青年人在情欲上放纵自己，坚决要求青年人杜绝婚前性行为，认为凡是追求刺激和肉体欢乐的爱情，为排除寂寞而去寻找的爱情，都是道德败坏。从苏霍姆林斯基给女儿和儿子的许多封信中，我们可以看到他的这些基本观点。

在苏霍姆林斯基看来，爱情更是一种精神上的美好交往，它是神圣的、高尚的，不容有一丝一毫的亵渎，也不容以任何庸俗化的眼光来看待。对这种最脆弱、最敏感、最隐秘的情感，苏霍姆林斯基主张不要公开谈论谁爱上谁的问题，应该小心翼翼地引导学生认识到爱情是无比珍贵、高尚的东西。因此，他反对人们在共青团甚至在少先队的会议上用谈论一般工作的口吻来谈论爱情和友谊，就像在谈论收集废钢铁一样去谈论这种美好、神圣的感情，因为这样做会使少年之间的精神心理关系和道德审美关系变得粗俗不堪，使纯洁和崇高的感情庸俗化。他告诉男孩女孩们，爱情就意味着责任、尊严，意味着高尚的精神生活和共同的生活目的。爱，不仅仅是充满激情的欣赏，更是创造美的享受，是为你所爱的人永无止境地创造美。女性是爱情的主宰和主人，每一个女孩都不要做精神上的奴隶；男性在爱情中的责任则是创造快乐的气氛，每一个男孩都有责任为女性创造快乐。

教师教育中的人道主义

作为一个教师，最令我感动的是苏霍姆林斯基在教师教育方面体现的人道主义。

苏霍姆林斯基曾愤怒地提到那些不谙事理的家长，提到那些想象不到一位真正的教师的工作有多么困难和复杂的家长，以便排除对教师不公平的责难。既然，教师职业是如此复杂而艰辛，那么教师该如何从年复一年、日复一日的劳动中解放出来，或者换句话说，教师的劳动如何超越苦难？

他认为有一条很重要又很平凡的真理，那就是教师应当拥有巨大的热爱人和无限热爱自己劳动的才能。教师只有热爱孩子、热爱自己的劳动，才能长年保持精力充沛、头脑清醒、印象清晰、感情敏锐。假如一个教师不具备这些品格，那么他的劳动就会变为苦难。的确，如果一个教师没有爱上自己的学生，没有爱上教师这种职业，那么这个教师的劳动就会成为一种苦难。因为教师的劳动首先是紧张的精神劳动，这就决定了这种劳动是一种智能的创造。因此苏霍姆林斯基认为世界上没有任何一种精神劳动能与极为艰巨、极为繁重的教师的劳动相比。况且，在这个复杂的、创造性的精神劳动过程中，伴随着并不轻松的体力劳动。苏霍姆林斯基把教师对学生的爱、对自己劳动的爱看作是教师超越苦难的根本要素。苏霍姆林斯基的一生真正做到了把心献给孩子们，献给他所热爱的教师职业，他的一系列鸿篇巨制就足以说明一切。

除了爱孩子，对于繁重琐细的教师工作，苏霍姆林斯基把教育教学研究看作一条摆脱苦难的幸福之路。他给校长们提出建议，"如果你想使教育工作给教师带来快乐，使每天的上课不至于变成单调乏味的苦差，那就请你把每个教师引上进行研究的幸福之路吧"。这个著名的建议虽是针对校长提出的，但也说明教育教学研究是教师获得职业幸福的关键。

即使是当年在帕夫雷什中学工作的教师，那一群幸运的与苏霍姆林斯基在一起工作的教师，也一样有自己的困惑，有一些自己无法解决的难题，从苏霍姆林斯基撰写的大量教育教学案例中可以看到这一点。问题的关键就在于，我们怎样对待我们所从事的工作，那该是一种爱的创造，一种在创造中的爱。而这将帮助我们超越苦难。

以上可以看作苏霍姆林斯基人道主义教育思想中的核心部分。此外，苏霍姆林斯基的人道主义教育思想还表现在许多方面，如对老人、母亲与女性的尊重，对他人精神世界的洞察，对世界上每一个角落发生的事情的关心，都可以归到人道主义这个核心思想之中。需要指出的是，苏霍姆林斯基教育思想中的人道主义不是互相割裂的，而是彼此交融、互相渗透的，能成为一个完整而庞大的体系。

> 世界上没有别的职业比医生和教师更富有人道性了。……我们做教师的应当在自己的集体里发扬我们的教育道德，应当把在教育工作中确立人道主义原则视为每个教师教育素养的最重要的品质。这是教育工作中的一个重要方面，也是研究得很少的一个方面。[1]

如果说体现人道主义是教育工作的最高境界，那么教师就应该是

---

① 苏霍姆林斯基. 和青年校长的谈话[M]. 赵玮，等译. 北京: 教育科学出版社，2009: 75.

一个完整而丰富的人道主义者。多年前我做班主任的时候，曾写过一则教育随笔，我不知道它是否在一定程度上体现了教育工作中的人道主义：

美丽的约定

曾经教过一个女孩，幼年时的一场疾病导致她有了一定的智力障碍，与同龄的孩子相比，她总是显得内向自卑，郁郁寡欢。为了帮助她走出自我，建立自信，更为了使她快乐起来，我着实费了不少脑筋。

那天下午放学时，我悄悄告诉女孩，明天我将请她当着全班同学的面背诵课文。女孩露出恐惧而惊愕的神色。我连忙安慰她："我们做一个约定好吗？你明天只背一段，早上你先到办公室来悄悄地告诉我，哪一段背过了我就叫你背哪一段，你没背过的我绝对不叫你，好吗？"女孩先是困惑，但后来就微笑着点点头，算是答应我了。

第二天一早，女孩如约告知她已经背过的段落。于是，那天的语文课上出现了令人难忘的一幕——

当着全班同学的面，我大声对女孩说："请你将课文第一段背诵一下，好吗？"女孩还在犹疑，我冲她微笑着点头。她终于开了口，用细细的嗓音背了起来。全班同学的目光都集中在她的身上，因为在这之前，大家还从没听她背过课文呢！

"真棒！"我由衷地赞美。孩子们和我一起为她鼓起了掌。女孩有点不好意思了，兴奋和喜悦使她那张清秀的小脸涨得通红。她脸上的笑容真美！

也就是从那天起，我和女孩之间有了无数个美丽的约定，直到今天，我们的约定还在继续——女孩临毕业时，我们相约，每迈过人生的一道坎儿，就给对方发一张贺卡。这些年，我收到了很多学生的贺卡，在那些花花绿绿写满祝福的贺卡之中，有那么几张，虽然并不起眼，但无比珍贵，那是一个美丽的约定，一段超越自我的、快乐而艰辛的人生旅程……。我相信，那些只有我们两个人知道的约定，随光阴流转，将成为女孩生命中一段温暖而光明的记忆。而作为教师，我明白了，在爱的前提下，一切期盼都将成为可能，爱和智慧将永远相伴相生……

站在苏霍姆林斯基面前

1968 年，苏联《家庭与学校》杂志发表了苏霍姆林斯基的文章《寄语后来人》。在这篇文章中，苏霍姆林斯基发表了他著名的教育遗嘱。这些教育遗嘱虽是寄语青年教师的，但值得每一个教师深思。

在我看来，一个人在遗嘱中表达的内容该是心灵中最珍贵的东西。苏霍姆林斯基作为人类历史上最伟大的教育家之一，他以教育为主题的遗嘱反映了他教育体系中最核心的价值、理想与信念。在反复研读苏霍姆林斯基著作的这些年里，这些遗嘱常常会在我的脑海中闪现，因为苏霍姆林斯基正是用他一生的伟大实践诠释了这些闪光的思想。

我将这些遗嘱认真进行了罗列，共有八条：

第一条：让您的学生的儿童时代和少年时代成为认识祖国的时代。

第二条：只有当我们培育的人感到自己是祖国的儿女，并用为祖国服务这一最高标准衡量自己的行为、自己的劳动、自己的活动时，庄严和美才会成为学生易于了解的东西。

第三条：要教会学生这样去观察世界，以使每个人的胸怀还是在儿童时代和少年时代，就能为公民的思想和公民的追求所激荡。

第四条：要教会学生读懂人的心灵这本书。要教导学生把他人的欢乐和忧虑变成自己切身的欢乐和忧虑，要在学生身上形成一种最高尚的需要——需要他人，就让人成为学生精神世界里最可宝贵的珍宝吧。

第五条：用为人们做好事的欢乐在自己的学生身上延续自己。

第六条：要当作最可宝贵的珍宝一般，保护儿童的信赖这朵最娇柔的鲜花。它是很容易折损、憔悴和被不信赖的毒汁毒死的。

第七条：别让任何一次心灵震荡不知不觉地从您身旁掠过。要成为学生雪中送炭的帮助者，心灵创伤的医治者。

第八条：用知识哺育自己。①

今天，我们再来读这些教育遗嘱，联系苏霍姆林斯基一生的伟大实践，在感受心灵激荡的同时，反思自己就成为一件非常自然的事情。这种反思仿佛穿越了时空，反思的过程就好像站在苏霍姆林斯基的面前，聆听这位伟大教师的教诲。对我来说，这是一次次心灵的洗礼……

苏霍姆林斯基在遗嘱中说，要让学生的儿童时代和少年时代成为认识祖国的时代，只有当我们培育的人感到自己是祖国的儿女，并用为祖国服务这一最高标准衡量自己的行为、自己的劳动、自己的活动时，庄严和美才会成为学生易于了解的东西。苏霍姆林斯基一直致力于让学生把"祖国"作为心中最神圣的概念，并在点点滴滴的教育教学中将"祖国"的概念化为具体的行为、活动等进入学生的精神世界。我想起了老一辈教育家斯霞老师关于"祖国"的一个教学片段，我们可以看到斯霞老师是如何化抽象为具体，将"祖国"这个概念渗透到学生的生活世界中去的：

师："祖国"是什么意思呢？什么叫"祖国"？

生：祖国就是南京。（好多学生笑了，知道祖国不是南京）

---

① 苏霍姆林斯基. 寄语后来人[M]. 刘伦振，译//蔡汀，等. 苏霍姆林斯基选集：第5卷. 北京：教育科学出版社，2001：586.

师：不要笑，祖国是南京吗？不对！南京是我们祖国的一个城市，像北京、上海一样。大家再想想，什么叫"祖国"？

生：祖国就是一个国家的意思。

师：噢！祖国就是一个国家的意思，对吗？

生：不对。（也有答"对"的）

师：美国是一个国家，日本也是一个国家，我们能说美国、日本是我们的祖国吗？

生：不能！

师：那么，什么是"祖国"呢？谁再说一说？

生：祖国就是我们的国家。

师：讲得对，祖国就是我们自己的国家。我们的爷爷、奶奶、爸爸、妈妈，祖祖辈辈生长的这个国家叫祖国。那么，我们的祖国叫什么名称呢？

生：中华人民共和国。

师：对了，我们的祖国现在的名字叫中华人民共和国。我们大家都要热爱我们的祖国。[①]

对学生来说，"祖国"是一个抽象的概念，如何把这个抽象的概念化为学生易于了解的东西，斯霞老师可谓是一个真正的教学高手。这个教育教学过程正好展现了苏霍姆林斯基所说的将庄严和美转化为学生易于了解的东西。我想，这样的教育方式比让学生空喊"热爱祖国""热爱人民"的口号要有用得多。虽然我相信语言的力量，但我更相信真正的爱一定是具体的、体现在行动上的。

苏霍姆林斯基在遗嘱中说，要教会学生这样去观察世界，以使每个

---

① 摘自"课文课程与教学论精品课程"（http://class.htu.cn/yuwen)中的"分章教学参考资料"。

人的胸怀还是在儿童时代和少年时代，就能为公民的思想和公民的追求所激荡。1964 年，帕夫雷什中学的化学教师 E.E. 科洛米钦科在致毕业生的祝词中告诉学生们，要像珍视生命和个人荣誉那样珍视真理。为真理而斗争，意味着生活中没有哪件事与你无关。的确，这世界上发生的一切都与你有关。一场遥远的战争，一个乞丐的死亡，一棵树在春天发出的第一颗嫩芽，一条河流过了哪一片土地，这些都与你有关。作为教师，我们要力求使学生作为一个公民，对世界进行观察，并且变得敏锐起来。如果学生对那些离他们很遥远的、与他们个人的命运以及他们的家庭和村庄的生活似乎没有直接关系的人的命运无动于衷，那么他们是不可能进入公民的观念世界的。

我想起一位中学老师告诉我的一件事：他在课堂上与学生谈到了中美贸易摩擦，也谈到了美国"9·11"事件，课后有一个学生写了一篇作文，竟然大声欢呼："太精彩了！美国人咎由自取，让撞击来得更猛烈些吧！"听到这件事，我感到悲哀。我们的孩子为什么会缺乏起码的人道主义精神？如果说"事不关己，高高挂起"是很多人惯有的一种处事态度，我们对此感到无奈与愤怒，那么这种幸灾乐祸的态度就更令人痛心了。究其原因，就在于我们平时对学生公民思想和公民追求的培养实在太欠缺了。

苏霍姆林斯基在遗嘱中说，要教会学生读懂人的心灵这本书。要教导学生把他人的欢乐和忧虑变成自己切身的欢乐和忧虑，要在学生身上形成一种最高尚的需要——需要他人，要让人成为学生精神世界里最宝贵的珍宝。在苏霍姆林斯基的教育实践中，有大量关于他如何引导孩子读懂人的心灵的故事。

彼德里克是一个残疾幼儿，他因重病卧床，失去了童年的欢乐。苏霍姆林斯基教育孩子们设身处地为彼德里克着想，感受他内心深处的痛苦。热心的孩子们纷纷来到彼德里克身边，给他送去书本和玩具，给他讲解森林的奥秘和各种欢乐的事情。彼德里克由最初的满怀警惕到敞开心怀，完全接纳了这群热情的小朋友，他逐渐变得开朗、快乐起来。当孩子们发现彼德里克因为不能与大家一起去森林郊游而感到遗憾时，孩子们就找到一辆橡皮轮的小推车，把彼德里克带到了森林里。彼德里克是那么开心，他第一次看到了啄木鸟，第一次听到了森林的乐声，第一次闻到了森林的气息……

那个退休老医生彼得·帕纳索维奇因为失去妻子，沉浸在深深的悲伤和孤独之中。他常常走很远的路，去妻子的坟前送上一束玫瑰或矢车菊。苏霍姆林斯基和孩子们感受到了他的痛苦，就和这位老人交上了朋友，还帮他种花，悄悄地把花送到他妻子的坟上。孩子们希望这些能给这位孤独的老人一丝安慰……

其实，只是阅读这样的故事就足以令我感动，当人与人之间彼此心灵相通时就会发现，世界上最美好的事情莫过于活在人们中间，这种存在感足以使人安然地度过人生的每一个关口。苏霍姆林斯基的教育让孩子们逐渐懂得，生活中承受疾苦的人往往不会那样大喊大叫，表露在外。要善于倾听和感受那种痛苦，因为那种痛苦是无止境的。少年们越能体会人们内心的痛苦、悲哀和沉重的心情，他们的心灵就变得越细腻、越敏感、越高尚。假如我们都善于从他人的眼睛里，从细微的、乍一看察觉不到的手的动作之中，从人的步履、呼吸，从人观察世界的目光中看到痛苦，那么生活中的痛苦一般来说就会少得多。

苏霍姆林斯基在遗嘱中说，用为人们做好事的欢乐在自己的学生身上延续自己。这里苏霍姆林斯基强调的是一个教师应该具有的慈悲。由于我们面对的是一颗颗极易受到伤害的敏感而稚嫩的心，因此，我们所有的教育教学行为都应该如履薄冰。一个有着慈悲心肠的教师一定会像那位叫叶卡捷里娜·马尔科夫娜的教师所说的一样：不存在培养善、同情、诚恳的专门手段和方法，只不过要把每个孩子视为自己的亲生儿女。是的，如果我们把每个孩子都视为自己的亲生儿女，也许一切问题就都能找到解决的方法。而在教育实践中，做到这一点却不是一件容易的事。

比如，面对一个学习有困难的学生，假如他（她）是你的亲生儿女，你会忍心在他（她）的作业本上打上不及格的分数吗？当你打上那个不及格的分数时，你的手不会颤抖吗？当你从孩子的眼睛中看到痛苦的泪水时，你的心不会痛吗？苏霍姆林斯基把给孩子打不及格的分数看作一种十分粗野的教育手段，他甚至非常愤慨地说，给孩子打不及格的分数的教师一定有一颗监工头的冷酷的心！

曾听一个家长谈起自己女儿的老师，这位教师担任初三毕业班的班主任，兼教数学这门课。每次考试，他们班的成绩都在年级里名列前茅。但这个家长说，每天晚上女儿做数学试卷都要做到深夜，一到周末和假期，试卷就像雪片似的飞来……。如果有谁完不成，就要被罚做更多的试卷。尽管女儿很乖很努力，但数学成绩并不好——女儿从小似乎就不喜欢数学。这个家长虽然也很焦虑，但表面上并没有逼迫女儿一定要考出多么好的分数。当她看到女儿苍白的脸色和过早出现的黑眼圈时，她十分忧心地觉得，女儿的负担太重了。有一天晚上，她走进女儿的房间，意外地发现女儿竟在默默地流泪。她十分吃惊，忙问缘由，女儿流着眼泪说，这次数学考试又不及格……，老师说没及格的同学要多做几份试卷，她不知道这些试卷何时才能做完，她觉得很累……

听到这样的故事，我的心也很沉重。我相信，对每一位有责任感的教师来说，当他给学生打上不及格的分数时，他的内心也一定是焦灼、痛苦的。因此，苏霍姆林斯基采取的方式是：只有在孩子脑力劳动取得良好成绩的情况下才给他打分。他希望孩子能够经过努力获得与之相匹配的分数。让孩子明白，老师在等待着他，相信他一定会成功。

苏霍姆林斯基在遗嘱中说，要当作最宝贵的珍宝一般，保护儿童的信赖这朵最娇柔的鲜花，因为它是很容易折损、憔悴和被不信赖的毒汁毒死的。苏霍姆林斯基提醒每一位教师都应该牢记：每一个儿童都是带着想好好学习的愿望来上学的。这种愿望像一颗耀眼的火星儿，照亮儿童的情感世界。他们以无比信任的心情把这颗火星儿交给了我们这些做教师的人，而在教育现实中，我们多少次有意无意地浇灭了这些火星儿？

在一次期末考试中，有任课教师向一位中学班主任反映，班里竟然出现了抄袭现象。更令他气愤的是，老师反映抄袭的学生中竟有几个平时表现很好的学生。虽然因为"证据不足"那几个学生没有被当场抓出来，但他觉得这件事性质特别恶劣，必须进行处理。他开始着手调查这件事，看看究竟有哪些人参与了抄袭，一时间，班里有点"阴云密布"。一天，他忽然收到一封没有寄送地址的信。拆开一看，竟是班里一个叫张锐的学生寄来的。张锐是个学习成绩很不错的男孩，可这次被反映抄袭的学生中就有他。他在信里承认了抄袭的事实，原因是考试前压力太大，他不忍心辜负爸爸的期望……，最后他请求老师不要在班里公布这件事，如果那样他就没脸见人了……。这封既是检讨又是请求原谅的信，在班主任看来，完全就是狡辩，说明他并没有真正认识到自己的错误。于是，这位班主任将张锐的爸爸找来，当着办公室其他教师的面，把张锐的信给他爸爸看了……。几天后，不但办公室里的老师都知道了张锐抄袭的事，全班同学也都知道了。从那以后，一向自信、活泼的张锐沉默了，他很少再跟老师接触，不得不与老师接触的时候，他那冷冷的目光让人不寒而栗……

虽然学生抄袭的行为必须进行教育，但采取什么样的方式却值得研究。在这里，我想说的是，只有学生信赖老师，才会交给老师他的一颗心，当我们摧毁了这种信赖时，这颗心也就破碎了。面对一颗破碎的心，任你有多么高明的技巧、多么先进的理念，也无法让它恢复到原来完美无缺、纯净无瑕的状态。

苏霍姆林斯基在遗嘱中说，别让任何一次心灵震荡不知不觉地从您身旁掠过，要成为学生雪中送炭的帮助者、心灵创伤的医治者。他把这看作自己的使命——儿童哭泣时要让他停止哭泣，如果他痛哭太盛而眼泪快烧干时就要让他痛哭一场，教师的任务是保护儿童免受苦难的煎熬。欢乐和幸福是孩子们心灵中巨大的、无可比拟的精神财产和精神财富，教师必须保护它们。一旦孩子的心灵遭遇了不幸，我们就应当记住：我们面前的人是孩子，首先应让他平静、安宁，帮他解除痛苦、不安和忧虑，然后给他带来生活的欢乐。如果有一个孩子在学习中遇到困难，别人能做到的事他做不到，别人能达到的目标他达不到，他陷入痛苦之中，教师就要本着一颗慈悲的心，对他进行智力训练，不要让他在童年就为低人一等的自卑感而痛苦，而要设法让他在最容易取得成功的领域充分展示自己的才能。不管这个孩子在学习上遇到多少困难，不管他接受知识多么吃力，都不能让学生时代在他的心灵上留下痛苦的痕迹。

感受学生的痛苦，感受学生心灵中那些不易觉察的震荡，不仅需要教师敏锐的洞察力，更需要那份发自内心的关爱。某一天早上，教师批评了一个迟到且没完成作业的女孩，女孩默默地坐在座位上流泪。老师不知道，女孩的父母正在闹离婚，昨晚他们问她以后跟谁生活，她不知道怎么选择……，而教师不但对她的痛苦丝毫没有觉察，反而不分青红皂白地批评了她一顿……

做一个敏锐而善良的人吧，作为教师，我们面对的是极其稚嫩的心灵。我们应该雪中送炭，而不是在伤口上撒盐。

苏霍姆林斯基在遗嘱中说，用知识哺育自己。他认为，教师只有不断地进修提高，才能成为真正的教师。而教师不断地进修提高，就意味着他今天对于某一个教育真理的看法已胜于昨天。

生活在 20 世纪中叶的苏霍姆林斯基已经认识到这一点，他自己就是一个不断进修提高的典范。而且，历史从来没有像现在这样迫切地对教师提出不断进修提高的要求。正是带着这种紧迫感，近些年，倡导有坡度的阅读，倡导教师通过阅读完善自己的知识结构，成为我不断呼吁的主题。

对教师来说，进行有坡度的阅读是一个重要的阅读原则。所谓坡度，实际是指难度；所谓有坡度的阅读，是指选择的书目必须对自己具有挑战性。"有坡度的阅读"这个名词的提出，是基于这样的想法：真正有价值的阅读应该犹如爬坡，不费相当大的力气就不能到达顶峰，甚至费了相当大的力气也不一定能到达顶峰。这样的阅读就是有坡度的阅读，也只有有坡度的阅读才能真正对教师的专业成长有帮助。反之，那种平地踏步、平面滑行的阅读，无论耗费多长时间，都不可能最终爬上顶峰。这种阅读当属无坡度阅读，我把这称为平角式阅读。

大体说来，有一定难度，内容或叙述的角度比较新颖，能够引发思考，开阔思路，或者导致困惑的书都值得阅读。这样的书因难度不同而坡度就有区分，在阅读时花费的时间和精力不一样，但都属于有坡度的阅读。相反，那些读起来非常"舒服"，与自己"一拍即合"，可以一目十行的书就不值得花费太多的精力和时间，对这些书的阅读就属于无坡度的阅读，即平角式阅读。平角式阅读适合一般读者，却不适合教师。这是因为教师阅读不完全是一种享受，或者主要不是享受，教师的阅读更多的是一种提升、一种丰厚、一种转变。这就意味着教师阅读不应该总是那么轻松，至少不能像一般的读者那样常常只把阅读当成一种简单的乐趣而已。

除了倡导有坡度的阅读，这些年来我一直致力于通过阅读完善自己的知识结构，也呼吁其他教师这么做。大量优秀教师的成长案例表明，真正优秀的教师应该具备三个板块的知识：精深的专业知识、开阔的人文视野和深厚的教育理论功底。缺乏任何一个板块的知识都将限制一个教师在教育教学上所能达到的深度与广度，是否具有完整的知识结构将最终决定我们在教育这条路上能够走多远。美学家朱光潜认为，"宇宙本为有机体，其中事理彼此息息相关，牵其一即动其余，所以研究事理的种种学问在表面上虽可分别，在实际上却不能割开。世间绝没有一科孤立绝缘的学问"。所以，他认为读书"尤其是一种训练，一种准备"。教师如果只读教育教学方面的书，势必会造成自己知识结构上的欠缺，出现大片的知识空白，致使教育教学成为一门"孤立绝缘的学问"：在知识容量上，没有做好足够的"准备"；在思维方法上，没有受到应有的

"训练"。一个没有做好足够的"准备"、没有受到应有的"训练"的教师，站在讲台上，又何谈专业底气？

只有用知识哺育自己，我们才有前行的力量。

读完苏霍姆林斯基的八条教育遗嘱，我意识到在苏霍姆林斯基 30 多年的教师生涯里，这些早已化为一个个坚定的信念，就像他头顶的星空一样永恒地照耀着前方的路，在这条路上，他捧着一颗爱孩子的心，以常人难以想象的耐心与执着，走完了他伟大的一生；我意识到世界教育史因为有了苏霍姆林斯基而倍添光彩，而这个世界上不会出现第二个苏霍姆林斯基。当我意识到这些时，我忍不住落下泪来。

修订版后记

　　2010 年除夕夜，我写完了这本《跟苏霍姆林斯基学当班主任》。关上电脑，起身望向窗外，细碎的雪花在天空中轻轻地飘舞，又静静地落在大运河的流水中。

　　转眼间十年的光阴流过，除夕夜的那场雪已消失在记忆深处。时间都去哪儿了呢？岁月神偷，了无痕迹。但我知道，这十年无论是对整个中国教育来说，还是对每一个中国教师来说，绝非无声无息，相反，它就像一曲宏大的交响乐，气势磅礴又丰饶深邃。

　　我也还是跟过去一样，用我觉得最美、最好的乐器执着地弹奏着自己的曲子。这些乐器中就有苏霍姆林斯基的教育思想和他的鸿篇巨制。

　　在无数次阅读苏霍姆林斯基著作的岁月里，我的耳畔还会响起从第聂伯河畔橡树林里传来的琅琅书声，那是苏霍姆林斯基在跟孩子们共读屠格涅夫的《白净草原》；我的脑海中还会浮现出那个十二月的黄昏，天黑得很早，空气中弥漫着青草的芬芳，苏霍姆林斯基在给孩子们朗诵高尔基的童话《伊席吉尔婆婆》。后来，他们又一起朗读了普希金的短诗《我在喧嚣的大街上徘徊》……。苏霍姆林斯基希望，当他把这样的句子一个一个地注入学生的心灵的时候，他们就会变得温柔、优雅，富有同情心。

这些画面经历了岁月的涤荡，依然那么动人心魄，甚至呈现出更加闪亮温暖的光泽；这些美好的诵读声，也跨越了千山万水，让世界上每一个教师都感受到爱和美交融后产生的惊人能量。

所以，我还是想跟教师朋友们谈谈苏霍姆林斯基，谈谈他在漫长的岁月中是如何鼓舞我、启迪我的。还有那些阅读过苏霍姆林斯基著作的教师们，不管他们生活在哪个时代，在世界的哪一个角落，都一样能感受到这种惊人的能量。

所以，十年之后，我决定重新修订这本《跟苏霍姆林斯基学当班主任》。在修订这本书的日子里，我发现书中提到的许多教育案例依然鲜活，就像苏霍姆林斯基的著作一样常读常新。当我再次审视、反思这些案例时，我发现许多过去视而不见的东西，每一个教师的教育方法、每一个孩子的成长经历都有了更加丰富的含义，也有了更加深刻的教育价值。所以，我将这些新的发现和感受融进其中。

我想，这就是苏霍姆林斯基几十年来一直沉潜于教育一线的原因，只有这样长年累月与孩子们和老师们生活在一起，才能发现教育中最为细腻和复杂的东西，也才能更加准确地找到教育的具体方法和策略。

感谢"源创图书"，感谢吴法源老师这些年的鼓励和支持。

还有，感谢那些出现在书中，虽然用了化名却真实存在的孩子们和老师们，你们都还好吗？

闫 学

2020 年 2 月 18 日于杭州良渚

出 版 人　李　东
责任编辑　池春燕
特约编辑　王玉梅
版式设计　许　扬
责任校对　贾静芳
责任印制　叶小峰

图书在版编目（CIP）数据

跟苏霍姆林斯基学当班主任 / 闫学著 . —修订版
. —北京：教育科学出版社，2020.11（2023.7 重印）

ISBN 978-7-5191-2352-9

Ⅰ . ①跟… 　Ⅱ . ①闫… 　Ⅲ . ①班主任工作 　Ⅳ .
① G451.6

中国版本图书馆 CIP 数据核字（2020）第 208184 号

跟苏霍姆林斯基学当班主任（修订版）
GEN SUHUOMULINSIJI XUE DANG BANZHUREN（XIUDING BAN）

出 版 发 行	教育科学出版社			
社　　　址	北京·朝阳区安慧北里安园甲 9 号	邮　　编	100101	
总编室电话	010－64981290	编辑部电话	010－64989441	
出版部电话	010－64989487	市场部电话	010－64989009	
传　　真	010－64891796	网　　址	http：//www.esph.com.cn	
经　　销	各地新华书店			
印　　刷	运河（唐山）印务有限公司			
开　　本	720 毫米×1092 毫米　1/16	版　　次	2020 年 11 月第 1 版	
印　　张	13	印　　次	2023 年 7 月第 5 次印刷	
字　　数	170 千	定　　价	49.80 元	

图书出现印装质量问题，本社负责调换。